FERNSEHEN
ALS INSTRUMENT DER
VERBORGENEN MÄCHTE

D1728823

FERNSEHEN
ALS INSTRUMENT DER VERBORGENEN MÄCHTE

ZWEITE, ÜBERARBEITETE AUSGABE 1993

ROZEKRUIS PERS - HAARLEM - NIEDERLANDE

Übersetzt aus dem Niederländischen
Ursprünglicher Titel:
Televisie als instrument der verborgen machten

Internationale Schule des Goldenen Rosenkreuzes
Lectorium Rosicrucianum
Hauptsitz:
Bakenessergracht 11-15, Haarlem, Niederlande

ISBN 90 6732 103 6

INHALT

VORWORT

Mit dieser Broschüre möchte die Internationale Schule des Goldenen Rosenkreuzes ihre Mitglieder und Sympathisanten über die sehr realen Gefahren des Fernsehens für den Schüler auf dem Pfad des geistigen Erwachens informieren und auf die tieferen Hintergründe dieser Erscheinung hinweisen. Unter Berücksichtigung neuer Entwicklungen wurde der Inhalt dieser zweiten Ausgabe aktualisiert.

Wir hoffen und erwarten, daß die Schüler der Schule des Rosenkreuzes und auch viele andere Wahrheitssucher, die sich der Schein-Realität, in der wir leben, bewußt geworden sind und die wie wir intensiv danach verlangen, aus ihrem geistigen Schlaf zu erwachen, um das neue Seelenvermögen zu entwickeln, sich die Warnungen dieser Broschüre zu Herzen nehmen werden.

ROZEKRUIS PERS

I

EINFÜHRUNG IN DAS PHÄNOMEN FERNSEHEN

Das Fernsehen beeinflußt das Leben von Millionen Menschen, ja, nahezu jedes Menschen, der in der sogenannten zivilisierten Welt lebt. Diese Erfindung wird für ein unentbehrliches Medium in der modernen Massenkommunikation gehalten. Fast jeder steht auf dem Standpunkt, daß ein Leben ohne Fernsehen unerträglich und undenkbar wäre.

Der Schüler der Geistesschule des Goldenen Rosenkreuzes wird augenblicklich mit der Frage konfrontiert, wie er persönlich diesen ungebetenen Gast behandeln soll. Denn es wird doch als die normalste Sache der Welt angesehen und ist sogar erwünscht, daß dieses Medium in unsere Wohnzimmer, Eßzimmer, Schlafzimmer und – das ist das Schlimmste – in unsere Seelen eindringt. Fernsehen ist zu einer faszinierenden und höchst beliebten »Beschäftigung« geworden, der sich täglich viele hundert Millionen Menschen stundenlang überlassen. Stellen Sie es sich doch einmal vor: Ein paar hundert Millionen Augenpaare hängen an den vielen Millionen Fernsehschirmen, die überall auf dem Planeten flimmern.

Man empfindet intuitiv, daß diese Praktik mit der Lebensweise eines Schülers auf dem geistigen Pfad unvereinbar ist. Es hat daher seine guten Gründe, daß die Schule des Rosenkreuzes von ihren Schülern fordert, sich des Fernsehens zu

enthalten. Die Macht dieses Mediums ist jedoch so über-
wältigend, daß sich sogar einige Schüler der Geistesschule
hin und wieder fragen, ob diese Forderung nicht etwas übertrieben ist. Daher muß man auch über die Hintergründe des
Fernsehens gut informiert sein.

Man muß sich darüber klar sein, daß das Fernsehen nicht
nur eine zufällige technische Neuheit ist. Das Fernsehen
wurde vielmehr zu einem bestimmten Zweck entwickelt.
Vielleicht sind Sie so naiv und glauben, daß die Idee hinter
dieser Erfindung lediglich technischer Art ist, daß dahinter
kein anderer, raffinierter und ausgeklügelter Plan steckt. Im
Gegenteil! Wie sich sehr bald zeigen wird, war und ist noch
immer ein »Meister« am Werk, der für die sorgfältige Auswahl und Anwendung dieser erstaunlichen technischen Entwicklung verantwortlich ist, um mit deren Hilfe die Masse
vollkommen zu kontrollieren.

Diese Abhandlung über das Fernsehen will dem Schüler
und jedem Wahrheitssucher die erforderlichen Informatio-
nen verschaffen, die notwendig sind für eine rechte Einsicht
in die wahre Art dieser Kräfte, die der Masse ihren Willen
aufzwingen wollen. Es soll damit aufgezeigt werden, wie
diese Kräfte in der heutigen Phase der Menschheitsentwick-
lung ihren Einfluß ausüben, indem sie den Körpern und
Seelen hilfloser Menschen wohlbewußt unheilbare Schäden
zufügen. Nur auf der Basis dieser Erkenntnis ist der Schüler
imstande, die von der Schule erhobenen Forderungen − wie
zum Beispiel im Fall des Fernsehens − verstehen und schät-
zen zu lernen. Nur wenn er die Konsequenzen annimmt,
kann er den großen Gefahren entkommen, die ihn um-
ringen. Denn je unbewußter man diesen Gefahren gegen-
übersteht, desto wahrscheinlicher wird man ihr Opfer.

Es ist das Vorrecht und die Stärke des bewußten Menschen zu wissen, zu welchem Zweck das gesamte Fernseh-»Spiel« inszeniert wurde, den Glanz und den Schein des falschen Genius dahinter zu erkennen und seine Absichten zu demaskieren.

Das Fernsehen erschien nicht plötzlich wie aus dem Nichts, sondern muß vor dem Hintergrund einer großen Anzahl Erfindungen gesehen werden, wie Radio, Film, Telegraph, Telefon, Radar, Tonband usw. Das Fernsehen ist jedoch in dieser Reihe der absolute Höhepunkt, die Super-Erfindung mit der Macht, die Aufmerksamkeit und das Interesse sowie die Seelen und Vermögen von Millionen Menschen fortwährend gefangen zu nehmen und zu halten. Das Fernsehen ist die hypnotischste, die eindringlichste und daher auch gefährlichste aller Erfindungen. Deshalb ist der Frage des Fernsehens gegenüber eine entschiedene Stellungnahme und positive Entscheidung erforderlich, sonst entscheidet das Fernsehen über Sie.

Von Anfang an war die Schule des Goldenen Rosenkreuzes vor dem Fernsehen auf der Hut und hat niemals gezögert, ihre Schüler vor den schrecklichen Gefahren, die damit verbunden sind, zu warnen und zu beschirmen. Einige Schüler werden sich noch lebhaft daran erinnern, wie Jan van Rijckenborgh einst gegen das seelentötende gewohnte Fernsehen wetterte: »Wenn Sie ein solches Ding in Ihrem Haus haben, dann werfen Sie es am besten aus dem Fenster!«

Von anthroposophischer Seite wurden ebenfalls viele Warnungen vor dem Fernsehen, besonders für Kinder, veröffentlicht. Auch andere sind sich der verheerenden Wirkung dieses Mediums bewußt. Das zeigen die inzwischen beinahe klassischen Publikationen, wie zum Beispiel *The Plug-in Drug* (Die Droge aus der Steckdose) von Mary Winn (New York, Viking, 1977) und das bemerkenswerte Buch *Four Arguments for the Elimination of Television* (Vier Argumente für die Abschaffung des Fernsehens) von Jerrie Mander (New York, Morrow, 1978). Dieses 371 Seiten starke Buch ist ein noch nie dagewesener, mutiger Versuch, das Fernsehen aus mehr als einem Grund vollständig zu verbannen.

Auch neuere Publikationen beweisen, daß die Schule des Rosenkreuzes mit ihren Bedenken dem Fernsehen gegenüber nicht allein dasteht. Wir nennen nur *Bildschirmtechnik und Bewußtseinsmanipulation* von Rainer Patzlaff, Verlag Freies Geistesleben GmbH, Stuttgart (1985), und die Ausgabe *Kulturverfall durch Fernsehen?* des deutschen Psychologen G. Maletzke (1988). Maletzke nennt zahlreiche negative Effekte, wie Abstimmung auf das Spektakuläre und Verarmung des Inhalts durch zu schnelle Wiedergabe (Blitzkultur), falsche Wahrnehmung der Wirklichkeit (alles wird zur »Show«), passive Freizeitbeschäftigung, Stimulans der Gewalt, Verarmung der menschlichen Kommunikation (Familienleben), Verminderung der Sprech- und Lesefähigkeit bei Kindern[1], des Antriebs zum Lesen und zum Spielen usw. Auf andere Publikationen, neuere oder ältere, wird in den folgenden Kapiteln hingewiesen.

---

1 Im August 1992 erschien in einer niederländischen Tageszeitung folgender Bericht: »Kinder, die zuviel fernsehen, lesen weniger und schlechter als ihre Altersgenossen, die kaum vor dem Gerät sitzen. Britische Untersuchungen haben unlängst gezeigt, daß Kinder, die ein Fernsehgerät in ihrem Zimmer haben und vor dem Schlafen noch ein wenig fernsehen, den größten Rückstand aufweisen. In England hat eins von fünf Kindern ein Fernsehgerät in seinem Zimmer. Von ihnen können nur 35%

Sogar nach einem oberflächlichen Studium des Themas wird klar, daß wir es hier mit einer nahezu hoffnungslosen Situation zu tun haben, da die Gefahren mannigfaltig sind. Sogar wenn Sie selbst keinen Fernseher im Haus haben, sind Sie doch umgeben von anderen Menschen, die ihre Apparate laufen lassen, abgesehen von den viel stärkeren Fernsehstationen, Radar-Antennen, Satelliten-Kommunikationssystemen und anderen Strahlungsquellen. Obwohl all das schon schlimm genug ist, können wir uns nicht auf die schädlichen Wirkungen der Strahlungen beschränken, denn es gibt noch andere Effekte, die ebenfalls betrachtet werden müssen.

Das Bild dieser Situation zeigt uns eine schnelle und totale Degeneration des gesamten menschlichen Lebens auf unserem Planeten, und zwar in einem solchen Ausmaß, daß »Leben« bald nicht mehr möglich sein wird. Das kündigt das Ende dieser Offenbarungsperiode an. Trotz der wachsenden Anzahl Klagen und Bitten, das Fernsehen und andere elektromagnetische Umweltverschmutzer abzuschaffen, wird sich zeigen, daß es zu spät ist. In dem Prozeß, den man »Zivilisation« nennt, können die Zeiger der Uhr nicht zurückgedreht werden, und das Ergebnis für die nach einer Lösung suchende Masse muß lauten: »Es gibt keine Lösung!«

Vor Eintritt dieses Momentes ist es äußerst wichtig, ja, eine Frage von Leben und Tod, daß der Schüler auf dem Pfad diesen Zustand deutlich erkennt und seinen Mitmenschen hilft, die Entsetzlichkeit der sogenannten »Realität«, in der

als gute Leser bezeichnet werden, während der Prozentsatz bei Kindern, die keinen eigenen Fernseher haben, ungefähr bei 50% liegt. Die Untersuchung ergab ebenfalls, daß eins von sieben Kindern mehr als zwei Stunden pro Tag fernsieht, und zwar meistens kurz vor dem Schlafengehen.«

sie leben, zu entdecken, damit alle, die noch »Ohren haben, um zu hören, und Augen, um zu sehen«, fest entschlossen den Pfad zurück in ihre göttliche Heimat gehen.

II

WAS IST FERNSEHEN?

Technisch gesehen ist Fernsehen die Umsetzung visueller Eindrücke in elektromagnetische Schwingungen und die Zurückverwandlung der empfangenen Wellen in visuelle Eindrücke, in Bilder. Bereits 1884 meldete der deutsch-russische Erfinder Paul Nipkow ein Patent für seinen Apparat zur Übertragung von Bildern an, die Nipkowsche Scheibe, eine sich schnell drehende Scheibe mit Löchern, wodurch ein erleuchtetes Bild in Licht- und Schattenpunkte aufgelöst wurde. Die so erhaltene Folge von Licht- und Schattenpunkten wurde in elektrische Signale umgewandelt und telegraphisch an einen Empfänger übermittelt. Dort wurden die empfangenen Signale wieder in Licht- und Schattenpunkte zurückverwandelt, aus denen dann durch eine identische, sich ebenso schnell drehende Scheibe das ursprüngliche Bild mehr oder weniger genau reproduziert werden konnte.

Obwohl Nipkows Gerät noch primitiv war, hat sich die ihm zugrundeliegende Methode des Fernsehens nicht geändert. Bilder werden in Licht- und Schatten-»Körnchen« aufgelöst. (Denken Sie an die körnige Struktur, die man bei stark vergrößerten Fotografien feststellen kann.) Bilder von guter Qualität erhielt man jedoch erst 1923, als der in Rußland geborene Amerikaner, Vladimir Zvorykin, sein »Ionoskop« als Patent anmeldete. Es war der Urtyp der modernen Fernsehröhre. Die sich drehende Scheibe wurde durch eine Elektronenkanone ersetzt, die eine unmittelbare Quelle der Gefahr darstellt, wie wir sehen werden.

Die erste offizielle Fernsehsendung wurde am Nachmittag des 30. April 1939 in den Vereinigten Staaten anläßlich der Weltausstellung in New York ausgestrahlt. Die Ausstellung stand unter dem Motto:»Die Welt von morgen.« Als Teil ihrer Ausstellung übertrug die National Broadcasting Company (NBC) unter der Schirmherrschaft der Radio Corporation of America (RCA) unmittelbar die Eröffnungszeremonie. Tagelang standen viele tausend Menschen Schlange, um die Demonstration des neuen Wundergerätes zu sehen. Die Hypnose der Menschheit durch das Fernsehen hatte begonnen.

Während des Zweiten Weltkrieges stand die Fabrikation elektronischer Geräte vollständig im Dienst der Produktion von Kriegsgerät. Unmittelbar danach brach jedoch die Fernsehflut in überwältigendem Maß los. Die Fernseh-Ära, die sich während der Weltausstellung im Jahr 1939 angekündigt hatte, begann mit fliegenden Fahnen und Trommelwirbeln. Nichts und niemand konnte sie aufhalten.

In den USA stieg die Anzahl der Fernsehstationen von 6 im Jahr 1945 auf 523 im Jahr 1958 sprunghaft an. 1980 waren es schon 1000 und seitdem hat die enorme Vielfalt der Stationen, Kanäle und Kabelanschlüsse unentwegt zugenommen. In den USA kann der durchschnittliche Abonnent des Kabelfernsehens unter mehr als 27 und bald unter 50 Kanälen wählen. Der Futurologe Alvin Toffler beschreibt in seinem Buch *Die neue Macht-Elite* (ursprünglicher Titel: *Powershift: knowledge, wealth, and violence at the edge of the 21st century,* New York, 1990) die»Mehrkanal-Gesellschaft«. Darin beschäftigen sich Millionen von ihren bequemen Sesseln und Betten aus durch Fernbedienung mit »Fernsehspringen«, mit der Jagd durch die Fernsehkanäle auf der Suche nach stets neuen Höhepunkten im Programmangebot.

Beinahe alle amerikanischen Familien besitzen Fernsehgeräte, davon 98% Farbfernseher. Nahezu jede zweite oder dritte Familie hat zwei oder mehr Geräte und ungefähr 60% haben einen Kabelanschluß. Antennenschüsseln für Satellitenempfang sind ein Verkaufsschlager, während Großbildgeräte, HDTV, interaktives Fernsehen in Kombination mit Compactdisk, an Personalcomputer gekoppelt mit Animations-Software (multimedia), im Kommen sind. Man wird sogar mit speziellen Sensoren-Handschuhen, Helmen mit 3-D-Brillen oder Paketen mit Sensoren und Brillen für das äußerst suggestive Erleben einer künstlichen Wirklichkeit (virtual reality) ausgerüstet.

Nach Jahrmillionen, in denen die Menschheit ihre Zivilisation nur langsam veränderte, haben sich die Gewohnheiten der Menschheit beim Eintritt der Fernseh-Ära in nur einigen Jahrzehnten drastisch gewandelt. Das Leben schien plötzlich nur noch aus Unterhaltung zu bestehen. Millionen begannen, zuhause zu bleiben und nahmen Fernseh-Mahlzeiten vor dem Bildschirm ein, um nur »nichts zu verpassen«.

Es dauerte nicht lange, bis gnadenlose Paraden von Werbespots ihre Doktrin vom »Konsum« verkündigten. Aber was schlimmer ist, verschiedene Völker werden nun durch direkte Fernseh-Zensur von ihren Regierungen »programmiert«. Das ist ein äußerst wirksames Mittel, um der Masse unaufhörlich Ideologien einzuhämmern, die den Menschen zum Sklaven machen wollen.

Fernsehen ist das Mittel der Machtausübung über die Gefühle, die Gedanken, das Begehren, den Willen und die Seele nahezu aller Menschen. Welche Kräfte stehen hinter dieser Macht? Wir müssen die Antwort auf diese Frage finden.

In der westlichen Welt ist in beinahe jedem Haushalt ein Fernsehgerät zu finden. Aber Fernsehen ist nicht auf Wohnungen beschränkt. Fernsehen gibt es in Schulen, Krankenhäusern, Fabriken und Weltraumlaboratorien. Fernsehmonitore beobachten uns an Straßenecken und in Warenhäusern als elektronische Polizeiagenten. Fernsehkameras kontrollieren den Verkehr. Fernsehmonitore zeigen an, wann Flugzeuge starten und landen. Zehntausende studieren mit Hilfe von Videokassetten. Fernsehmonitore enthüllen die komplizierten Einzelheiten einer Gehirnoperation. Mit Monitoren verbundene Computer in Raketenspitzen geleiten diese zum Ziel. Durch Fernsehen beobachten Ärzte ihre Patienten und Wächter ihre Gefangenen.

Beobachtungssatelliten umkreisen unseren Planeten, der kaum noch vom Geist erleuchtet wird. Es scheint so, als ob niemand geistige Schau nötig hat, denn alle haben Fernsehen. Das Auge des Geistes, das Seelen-Auge ist vor dem elektronischen Auge gewichen.

III

DAS FOHAT-LICHT

Licht ist eine der kostbarsten Gaben, die die Sonne diesem Planeten schenkt. Seit Jahrmillionen strahlt die Sonne Licht und Wärmeenergie aus, ohne die kein Leben möglich ist. Es wird angenommen, daß der größte Teil dieser gigantischen Energie im unermeßlichen Raum des Universums verlorengeht. Diese landläufige Ansicht ist jedoch falsch, da in der göttlichen Schöpfung kein Quentchen Energie vergeudet wird. Alles dient der Entwicklung der Myriaden Wesen im kosmischen Sonnenkörper, der seinerseits in Wechselwirkung mit zahlreichen anderen Sonnensystemen im Makrokosmos steht.

Erhabene Hierarchien arbeiten mit göttlichen Energien, die in der Universellen Lehre* in ihrer Gesamtheit als »Fohat« angedeutet werden. Fohat ist in seiner höchsten Manifestation die göttliche Liebe. Eine der niedrigsten Ansichten von Fohat kennen wir als Elektrizität. Haben Sie schon einmal einen elektrischen Schlag bekommen? Dann haben Sie vielleicht einen schwachen Eindruck von der gewaltigen Erhabenheit Fohats erhalten.

Warum schreiben wir in einer Broschüre über das Fernsehen darüber? Weil es notwendig ist, die Dinge in ihrer wahren Perspektive zu sehen. Wir wollen das Fernsehen einmal im

---

* Siehe Worterklärungen.

Zusammenhang mit unserer angeblich alles wissenden technokratischen Gesellschaft betrachten. Unsere heutige Gesellschaft ist eine schreckliche Bedrohung, sowohl für den Menschen selbst als auch für seine kosmische Umgebung. Denn die Experten der Wissenschaft und der Technologie experimentieren auf sehr spekulative und verantwortungslose Weise mit den unterschiedlichen Fohat-Energien.

Durch Transfiguration* könnte der Mensch Zugang haben zur göttlichen Seligkeit Fohats, der Lichtwelt Gottes. Aber was wählt er statt dessen? Er zieht es vor, seinem mühsamen Weg durch die Dunkelheit seiner Unwissenheit und seines Hasses zu folgen. Das unvermeidliche Ergebnis ist daher, daß das Licht Fohats ihn durch seine Hitze verbrennen wird. So wird Fohat zum Feuer des Urteils. Und wir wissen es aus der Bibel, daß der augenblickliche Tag der Offenbarung durch Feuer beendet wird. Gleichzeitig aber können die durch das Feuer Berufenen ihre evangelische Wiedergeburt feiern wie der legendäre Vogel Phoenix, der aus seiner Asche auferstand.

Aquarius gießt die wiederkehrende Glorie des Fohat-Lichtes als lebendes Wasser aus. Aber wer negativ reagiert, erfährt es als verzehrendes Feuer. Aquarius ruft den Menschen auf zur Begegnung mit dem Geist durch die alchimische »Transmutation der Metalle«. Aber anstatt sein sterbliches Wesen durch Transmutation der Atome seines naturgeborenen Daseins zu transfigurieren, wagte der Mensch es, die Schleier des physischen Atoms zu zerreißen. Daher gelang es ihm, »den Geist in der Flasche« frei zu lassen, und zwar durch eine groteske Imitation, die entsetzliche Kraft der Kernspaltung und Kernfusion.

Wir können nur einer positiven oder einer negativen Entwicklungslinie folgen. Es geht um Regeneration oder Degeneration, es gibt keine andere Wahl und keinen Mittelweg. Was sich gegenwärtig entwickelt, ist eine massive Reaktion auf den Aquarius-Ruf der Bruderschaft des Lebens* durch Unwissenheit und Selbstbehauptung, inszeniert von den führenden Kräften der Spiegelsphäre*. Das kann nur eine Tragödie zur Folge haben, die auch die edelsten Menschheitsführer nicht abwenden können. Im Gegenteil, sogar die in bester Absicht durchgeführten Anstrengungen, sei es in Politik, Wissenschaft, Kunst oder Humanismus, führen in die Katastrophe, wenn der Mensch sich weiterhin an die altbekannte »Realität« klammert.

Denken Sie zum Beispiel an die hervorragende Wissenschaftlerin und Nobelpreisträgerin Madame Marie Curie und ihre lebenslange Beschäftigung mit der Erforschung der rätselhaften Kraft der Radioaktivität. Sie starb als eines ihrer ersten Opfer. Nehmen Sie Niels Bohr und Albert Einstein, beide geniale Atomwissenschaftler, von den edelsten Ideen und Idealen beseelt. Ihre selbstlosen Anstrengungen führten 1945 zur Entfesselung des Atomzeitalters, als Hiroshima und Nagasaki dem Erdboden gleichgemacht wurden. Ihr Werk der Entschleierung der Atomkräfte brachte Früchte der Vernichtung hervor, weil ihre Arbeit auf den Gesetzen der Dialektik* basierte. Professor Einstein war nahe daran, das Verhängnis und den unabwendbaren Lauf der dialektischen Weltordnung zu erkennen, als er feststellte: »Jeder Schritt ist die unvermeidliche Konsequenz des vorhergehenden.« Wie wahr!

Vor diesem Hintergrund müssen wir die Erscheinung des Fernsehens betrachten. Es genügt nicht, die Strahlungsmenge zu messen, die von dem Gerät ausgeht, um zu erkennen, was Fernsehen in Wirklichkeit ist. Weil man dann nämlich bei seinem Urteil keineswegs die Kräfte berücksichtigt, die durch das Medium Fernsehen wirken, und man erkennt nicht die Entwicklungen hinter solchen Erscheinungen. Der Schüler des Goldenen Rosenkreuzes kann nicht einfach feststellen: »Die Strahlung ist wahrscheinlich schädlich, aber wenn das Problem einmal gelöst wurde, ist das Fernsehen keine Gefahr.« Es hängt weitaus mehr damit zusammen, und wir hoffen, Ihnen das erklären zu können. Dabei beschäftigen wir uns nicht so sehr mit den Programminhalten, um zum Beispiel gegen die vielen Gewalt- und Sex-Szenen im Fernsehen zu protestieren. Natürlich wird der Mensch durch Gewalt, falsche Romantik und Erotik negativ beeinflußt, von der unaufhörlichen Werbung ganz zu schweigen. Aber wir wollen uns ausschließlich mit dem Tyrannen beschäftigen, den das Medium selbst darstellt.

In der gegenwärtigen Situation sind die nuklearen und anderen wissenschaftlichen und technologischen Experimente der Menschheit mit Fohat-Energien bereits eine tödliche Bedrohung für alles Leben auf der Erde, sowie auch für das empfindliche Gleichgewicht innerhalb des Sonnensystems. Die schützenden Schichten der Erdatmosphäre sind schon ernsthaft beschädigt, so daß nicht nur giftige Strahlungen in das irdische Leben eindringen, sondern auch aus der Atmosphäre in die übrigen Regionen des Sonnensystems gelangen.

Trotz dieser fatalen Aussichten eröffnen sich große spirituelle Möglichkeiten für jene, die positiv auf die kommenden Ereignisse reagieren. Für viele tausend Sucher gibt es noch immer die Möglichkeit, inmitten von Chaos und Zerstörung zu erwachen, die Wahrheit zu erkennen und den Pfad der Transfiguration zu betreten. Sie können dem Urteil entkommen, indem sie sich vom Rad der Geburt und des Todes* lösen. Gemeinsam werden sie die Ernte dieser Periode bilden.

Die Entwicklung einer solchen Ernte ist jedoch den Selbstbehauptungs-Zielen der Äonen* in der Spiegelsphäre absolut entgegengesetzt. Diese Mächte wissen, daß sie eine solche Ernte nicht vollkommen verhindern können, daß durch die Gnosis* eine Ernte in die Regionen der Bruderschaft eingebracht wird. Daher sind alle ihre Anstrengungen darauf gerichtet, die Ernte so klein wie möglich zu halten. Die Frage lautet also nicht: »Wird es eine gnostische Ernte geben?«, sondern: »Wie viele sind imstande, sich dieser Ernte anzuschließen?«

Radioaktivität und alle anderen Formen elektromagnetischer Verschmutzung verursachen in der Atmosphäre schnell verschlechterte Bedingungen und sind so starke Faktoren in dem Kampf der Äonen gegen die Bruderschaft des Lebens. Aber die Äonen wissen sehr gut, daß trotzdem noch viele ernsthafte Sucher den Pfad finden können. Wie kann das geschehen? Durch ihre innerliche Stärke, die das Resultat der Seelenqualität ist. Jede suchende Seele, die Qualität und Reife ausstrahlt, fällt bei den Äonen in Ungnade, weil sie in ihr einen potentiellen Flüchtling aus ihrem magischen Kreis sehen. Um einen massiven Verlust ihrer Macht zu verhindern, müssen sie also etwas unternehmen, damit die Masse in ihrem Bann bleibt. Das Fernsehen ist ihre Antwort darauf, wie wir Ihnen noch ausführlich erklären werden. Es ist vielleicht nicht die einzige Antwort, aber gewiß eine der wirksamsten für ihren Zweck. Fernsehen ist bewußt gesteuerter Mißbrauch des Fohat-Lichtes, ein vergeblicher Versuch, dem wiederkehrenden Licht des Christus zu widerstehen. Es ist eine genial ersonnene strategische Gegenmaßnahme im Großen Spiel* der Spiegelsphärenbruderschaften in ihrem Kampf gegen die Bruderschaft des Anderen Reiches*.

Außer der elektromagnetischen Verschmutzung wird durch das Fernsehen eine noch viel ernstere Form der Verschmutzung verursacht. Das ausgesprochen bösartige Ziel des Fernsehens ist Seelenverschmutzung! Sehen Sie es jetzt völlig klar vor sich: Fernsehen wurde als Todesstoß für die suchende Seele geplant.

IV

DIE STRAHLUNGSGEFAHR

Fernsehen gehört zu den Wundern der Elektronik. Elektronik ist die Wissenschaft von den Elektronen und ihrer Nutzung. Elektronen sind kleine, sich ständig in Bewegung befindliche elektrisch geladene Teilchen. Als winzige Planeten umkreisen sie eine Sonne, den Kern. Ein Kern, umkreist von zwei oder mehr Elektronen, bildet ein Atom. Atome sind die Bausteine der Materie.

Es ist wichtig, sich daran zu erinnern, daß Materie nicht nur grobstofflich ist, sondern auch eine ätherische, astrale und mentale Ansicht besitzt. Ferner muß man sich darüber klar sein, daß die Verbindung zwischen grobstofflicher, ätherischer und mentaler Materie sehr eng ist sind und sie sich gegenseitig fortwährend beeinflussen. Keine einzige grobstoffliche Reaktion bleibt in den ätherischen, astralen und mentalen Gebieten ohne Folgen. Die Wissenschaftler handeln und experimentieren in dieser Hinsicht total unwissend, wodurch sie so potentiell gefährlich sind.

Unter bestimmten Voraussetzungen kann ein Atomkern einen oder mehrere seiner Elektronen-Planeten verlieren. Frei bewegliche Ströme solcher Elektronen, zum Beispiel in einem Kupferdraht, bilden einen elektrischen Strom. Zwei unsichtbare Kräfte – Elektrizität und Magnetismus – werden von den winzigen Elektronen verursacht.

Viele Energieformen bestehen aus unzähligen Milliarden Elektronen, die sich mit unglaublicher Geschwindigkeit durch den Raum bewegen. Sie vibrieren in regelmäßigen Wellenmustern. Ihre Schwingungsfrequenz, umgekehrt proportional zur Wellenlänge, bestimmt die Art dieser Energien: Röntgenstrahlen, ultraviolettes Licht, sichtbares Licht, Infrarot, Mikrowellen usw. Sie benötigen kein Medium und werden kollektiv als »Strahlungsenergie« bezeichnet oder auch als elektromagnetische Strahlung, bzw. Wellen. Die Wissenschaftler wissen immer noch nicht genau, was diese elektromagnetischen Wellen eigentlich sind. Aber darüber sind sie sich einig, daß sie gleichzeitig sowohl aus magnetischen als auch aus elektrischen Feldern bestehen, die sich mit einer Geschwindigkeit von 300.000 km pro Sekunde (Lichtgeschwindigkeit) bewegen.

Ein Schwarzweiß-Fernsehgerät enthält eine Elektronenkanone, die Elektronen in einem konzentrierten Strahl auf den Bildschirm schießt. Die Innenseite des Bildschirms ist mit einem Raster aus einigen hunderttausend fluoreszierenden Punkten überzogen. Sobald der Elektronenstrahl auf einen dieser Punkte trifft, leuchtet er auf. Je intensiver der Strahl ist, um so heller leuchtet der Punkt. Indem man den Strahl schnell zeilenweise über den Bildschirm laufen läßt (genauso wie man die Seite eines Buches Zeile für Zeile liest), und dabei seine Intensität variiert, leuchten die Punkte mit unterschiedlicher Helligkeit auf, was die Illusion eines Bildes hervorruft. Sehr schnelle Wiederholung dieser Prozedur, kombiniert mit schrittweiser Veränderung, suggeriert Bewegung. Akustische Signale fügen den Ton hinzu.

Während des Fernsehens wird man mit Strahlungsenergie bombardiert, und zwar nicht mit natürlichem Licht, das uns umgibt und diffus ist, sondern mit künstlichem Licht, das zweckgerichtet gelenkt wird. Durch die buchstäblich auf die Zuschauer gerichtete Elektronenkanone wird ihnen dieses Licht vom fluoreszierenden Bildschirm aus in die Augen projiziert. Es dringt über die Augen ein und greift die endokrinen Drüsen sowie auch die empfindlichen ätherischen Organe an, die im Prozeß der Transfiguration eine so entscheidende Rolle spielen.

Natürliches Sonnenlicht besteht aus einer Vermischung bestimmter Wellenlängen, die zusammen das sichtbare und unsichtbare Licht (Infrarot und Ultraviolett) bilden, und zwar in genau dosierten Mengen. Durch die Atmosphäre der Erde wird alles im rechten Maß für das Wachstum und den Schutz des Lebens auf Erden dosiert[1]. Künstliches Licht aus verschiedenen Quellen hat jedoch völlig unterschiedliche Wellenlängen. Das allein kann schon Probleme hervorrufen.

---

1 Das stimmt nicht mehr ganz, seit die Erdatmosphäre als Folge nuklearer Experimente und chemischer Verbindungen wie CKW (Chlorfluorkohlenwasserstoff), zum Beispiel aus Kühlgeräten, Feuerlöschgeräten und Air-Condition-Anlagen beschädigt wurde. In dieser Hinsicht ist ein Bericht entlarvend, der in *Bild der Wissenschaft*, 1/1992 unter dem Titel *Ozonloch mit neuem Rekord?* erschien.»Während sich die Ozonwerte über der Antarktis in den letzten Jahren mit 120 Dobson-Einheiten auf dem Niveau des Rekordjahres 1987 gehalten haben, wurde im Oktober (1991) ein neues Rekordminimum von 110 Dobson gemessen. Als die niedere Stratosphäre noch nicht durch Chlorfluorkohlenwasserstoff beschädigt war, wurden durchschnittlich 220 Dobson über der Antarktis gemessen. In unseren Breitengraden sind sogar 300 Dobson normal. Wissenschaftler des Goddard Space Flight Center in Greenbelt im Staat Maryland haben diese Zahlen durch Messungen eines Ozon-Spektrometers an Bord eines Satelliten erhalten. Wie *Science* berichtete, war der neue niedrige Wert für die Forscher eine Überraschung. Man hatte nicht geglaubt, Werte zu registrieren, die niedriger sind als die von vor vier Jahren.«

Die erworbenen Erkenntnisse auf dem Gebiet der Photo-Biologie (Licht-Biologie) zeigen, daß Licht eine Art Nahrung für die Zellen ist. Die Natur verordnet ihren Kindern eine ausgewogene »Licht-Diät«. Wenn diese verändert wird, wie es speziell beim künstlichen Licht der Fall ist, das außerdem noch absichtlich gelenkt wird, treten Veränderungen in den Zellen auf, die Degenerationen im menschlichen Körper und in seinen feinstofflichen Ansichten verursachen.

Die Geschichte zeigt immer wieder, daß sich die Experten bei der Festsetzung der Grenzwerte, unterhalb derer die Strahlungen für den Menschen unschädlich sein sollen, geirrt haben. Die Sicherheitsnormen mußten wiederholt und drastisch um das Zehn- oder Mehrfache verschärft werden. Und immer wieder glaubt der Mensch, »sicher« zu sein, bis die Toleranzgrenzen weiter herabgesetzt werden.

Die Wirkungen der Strahlungen auf Menschen werden in Rem[1] oder Millirem (ein Tausendstel Rem) gemessen. 1950 glaubte man, daß 1000 Rem oder mehr nötig seien, um bei einem Embryo Krebs hervorzurufen. 1955 hielt man 200 Rem für realistischer. Noch später meinten einige, daß 2 Rem dafür ausreichen. Um das Jahr 1960 herum dachte man, daß Fernsehgeräte sicher seien, wenn sie 50 Millirem per Stunde ausstrahlen. Heute liegt die internationale Norm bei einem

---

1 *Rem* (Radio Equivalent Man; früher: Röntgen Equivalent Man) ist eine subjektive Größe für die absorbierte Strahlenmenge, welche die relative biologische Wirkung der Strahlenart berücksichtigt. Eine objektive Größe ist *Gray*, was mit einer Energieabgabe von 1 Joule per Kilogramm bestrahltem Material übereinstimmt. Man benutzt auch *Rad* (Radiation Absorbed Dose), was 100 Gray entspricht. Rem ist eine etwas veraltete Einheit, die jedoch ebenso wie *Sievert* (100 Rem) noch benutzt wird.

Hundertstel davon, bei 0,5 Millirem pro Stunde bei 5 cm Abstand. So werden die Strahlungsnormen stets angepaßt. Schweden geht dabei mit sehr strengen Normen für Fernsehgeräte, Computer-Bildschirme und Mikrowellenherde voran.

Man hört oft Bemerkungen wie:»So viel ist es auch wieder nicht.« Oder:»Ich sitze nicht so nahe davor.« Oder:»Ich habe keinen Farbfernseher, ich sehe schwarzweiß.« usw. Aber Sie müssen dabei bedenken, daß die meisten Menschen erstens nur das glauben, was sie glauben wollen, zweitens, daß man nicht genügend beachtet, daß Röntgenstrahlung oder Radioaktivität, die in den Körper eingedrungen ist, ihn nicht wieder verlassen kann. Sie summiert sich, bis ihre Kraft allmählich nachläßt, wenn sie nicht durch erneute Strahlung wieder verstärkt wird. In jedem Fall kann das Jahre, sogar Jahrzehnte dauern. Mit anderen Worten: In knapp drei Jahren mit durchschnittlich vier Stunden Fernsehen pro Tag nimmt man 2 Rem auf − genug, um in Embryos Krebs zu erzeugen. Und doch gibt es Millionen Mütter, die denken − oder denken sie überhaupt nicht? − daß sie ihren Kindern eine große Gunst erweisen, wenn sie ihnen Fernsehen erlauben!

Elektromagnetische Felder werden durch das gesamte Fernsehgerät in alle Richtungen generiert. Je größer der Bildschirm, je stärker die Felder. Die Strahlung geht durch Holz und andere Baumaterialien. Darum wird geraten, niemals die Wiege oder das Bett eines Kindes nahe an die Wand zu stellen, hinter der ein Fernsehgerät steht.

Das Buch *Cross Currents* (Querströme) von Dr. Robert O. Becker, Bloomsbury Publishing, London, 1991, berichtet, daß 1987 Dr. H. Mikolajczyk und seine Kollegen eines medizinischen Instituts in Lodz/Polen Versuche mit Ratten unternommen haben. Sie setzten sie der Strahlung von Fernsehgeräten aus, die in 30 Zentimeter Entfernung über den Tieren angebracht waren. Die Geräte wurden jeden Tag vier Stunden angestellt. Weibliche Ratten wurden 60 Tage vor der Befruchtung der Strahlung ausgesetzt und noch einmal sechzehn Tage während der Schwangerschaft. Es wurde festgestellt, daß das Gewicht der Fötusse erheblich niedriger war als normal. Männliche Ratten wurden 35-50 Tage bestrahlt und dann untersucht. Das Gewicht der Testikel hatte erheblich abgenommen. Bei allen Tieren, die dem Experiment unterworfen wurden, war die Konzentration des Sodiums in der Gehirnrinde, im Hypothalamus und im Zentralhirn niedriger als normal. Bei den Ratten beiderlei Geschlechts der folgenden Generation blieb das Wachstum stark zurück. Im allgemeinen verursachte die elektro-magnetische Strahlung der Fernsehgeräte bei den Ratten ein vermindertes Wachstum, Verkleinerung der Testikel der männlichen Tiere und eine Beschädigung der Gehirnfunktionen.

Dr. John Ott, Gründer des Environmental Health and Light Research Institute (Umwelt-Forschungs-Institut für Strahlung und Gesundheit) in Sarasota, Florida, behauptet, daß sogar die gegenwärtige Toleranzgrenze für Fernsehstrahlen von 0,5 Millirem per Stunde zu hoch ist. Die Wurzeln von Bohnenpflanzen, die er vor Farbfernseher stellte, wuchsen aus der Erde heraus. Eine andere Pflanzengruppe zeigte monströse und verformte Auswüchse. Mäuse bekamen Krebsgeschwüre. Ist die Schlußfolgerung zu gewagt, daß wahrscheinlich jede Dosis Fernsehstrahlung für den Menschen schädlich ist? Ott ist jedenfalls zu diesem Ergebnis gekommen.

Viele Menschen sind jedoch schon so versklavt und abgestumpft, daß sie ihr Verhalten rechtfertigen, indem sie sagen:»Eine Röntgenuntersuchung ist schlimmer«, oder»Es ist nun einmal überall viel Strahlung« und ähnliches. Das ist ebenso unsinnig, als wenn man sagen würde:»Sagten Sie, daß mein Kind ertrinkt? Was erregen Sie sich — es ertrinken täglich Kinder!«

Wir müssen zugeben, daß das Fernsehen nicht allein Schuld hat. Es gibt viele gefährliche Strahlenquellen. Aber dadurch werden diese Gefahren oder eine davon nicht annehmbarer.

Möglicherweise ist, vom Gesichtspunkt der Strahlung aus gesehen, die moderne, heute weit verbreitete Nutzung jener Energien, die man Mikrowellen nennt, am schlimmsten, nämlich bei Radar, Radio- und Fernsehsendern, Satellitenübertragung und Mikrowellenherden. Mikrowellen von hoher Intensität haben die Eigenschaft (unter anderem wirken sie tödlich für alle lebenden Organismen), Zellgewebe derartig zu erhitzen, daß es innerhalb weniger Sekunden»gekocht« wird.

Russische Wissenschaftler haben als Resultat von Mikrowellenstrahlung sehr kritische Veränderungen in Pflanzen und Tieren entdeckt, während bei Menschen sogar Herzrhythmusstörungen und veränderte neurologische Funktionen festgestellt wurden. Diese Forscher halten den Menschen im Mikrowellenbereich für biologisch extrem verwundbar. Das ist wahrscheinlich auch der Grund dafür, daß sie die Toleranzgrenze für Mikrowellenstrahlung eintausendmal niedriger ansetzen als jene, die in den USA gilt. Wenn man dann weiß, daß einer von fünf Mikrowellenherden nicht einmal dem

Sicherheitsstandard der USA genügt, kann man nur bestürzt sein. Guten Appetit!

Ein enthüllender Artikel *Hände weg vom Mikrowellenherd!* in der Zeitschrift *Raum und Zeit* Nr. 53, 1992, von Prof. Dr. Bernhard H. Blanc und Dr. Hans U. Hertel liefert den Beweis, daß Nahrung, die in einem Mikrowellenherd zubereitet wurde, direkt nach der Aufnahme die gleichen Veränderungen im Blut verursacht wie jene, die beim Beginn eines Krebsprozesses auftreten.

Das Neueste in der Welt der Spionage und Gegenspionage sind – abgesehen von den Laserstrahlen – Sie raten es gewiß, Mikrowellen. Die Weltmächte suchen nach einem Mittel, um die Verbindung zwischen den Gehirnzellen und dem übrigen Körper zu zerstören – was natürlich nur beim »Feind« angewendet werden soll, um ihn leichter manipulieren zu können. Das ist so sehr viel »sauberer« als all der Schmutz, den eine Atombombe verursacht. Mikrowellen könnten hier die Lösung bringen.

Wohin führt das alles? Wie weit kann der Mensch in seinem luziferischen Streben gehen? Sehr weit, in der Tat! Er kann tatsächlich nicht aufhören. Er kann die Dämonen, die er einst geschaffen hat, nicht verbannen. Darum hat Jan van Rijckenborgh in der Vergangenheit seine Schüler so oft gewarnt und darauf hingewiesen, daß in nicht allzulanger Zeit die Bedingungen in der Welt der Dialektik kein Leben mehr zulassen werden. Er spornte seine Schüler an: »Geht den Pfad« oder wie Jesus der Herr zu Seinen Jüngern sagte: »Stehet auf und lasset uns von hinnen gehen.« (Joh.14,31)

Heute drängen die unterschiedlichen Gruppen: »Stoppt die

Wasserverschmutzung«, »Stoppt die Luftverschmutzung«.
Morgen werden sie wahrscheinlich fordern: »Stoppt die
elektromagnetische Verschmutzung« und »Stoppt die Verschmutzung unserer Seelen!« Aber dann kann es zu spät
sein!

Die enorme Zunahme der Krankheiten wie Krebs, Herzin-
farkt, Leukämie und Arthritis ist zum großen Teil das
Symptom einer allgemeinen Strahlungskrankheit. Ganz zu
schweigen von der Langzeitgefahr der permanenten Zellen-
veränderung. Diese kann sich bei der gegenwärtigen Generation auf nur ein paar Zellen beschränken, aber in der
kommenden Generation wird sie sich in allen Zellen zeigen.
Die neue Generation hat dann eine Mutation erfahren. Als
Ergebnis können Monstrositäten auftreten.

Besonders der Schüler auf dem Pfad muß auf seiner Hut
sein; denn er ist nicht nur auf seine physische Gesundheit
und körperliche Struktur bedacht, sondern noch mehr auf
die weitaus feineren Konditionen der höheren Körper – auf
sein Lichtgewand – in dem die transfiguristischen Prozesse
in erster Linie stattfinden.

Sollte er sich deshalb fürchten und verzweifeln? Gewiß nicht!
Denn in dem neuen elektromagnetischen Körper der Schule
findet er Schutz und jede Hilfe, die er nötig hat.

Was er nicht sollte, weil das ein großer Fehler wäre, ist, aus
dem elektromagnetischen Feld der Schule zu leben und sich
gleichzeitig an die »Fleischtöpfe Ägyptens« zu klammern,
also an die gewöhnlichen elektromagnetischen Bedingungen
dieser Naturordnung. Er würde sich selbst verbrennen, und
der Pfad wäre dann nur noch ein schöner Traum, eine

Illusion. Dann könnte er zwar noch über den Pfad reden, aber es wäre so, als wollte er den Duft einer Plastikrose einatmen.

Wollen Sie auf dem Pfad schnell vorankommen, sind sich aber nicht sicher, was der Pfad genau von Ihnen fordert? Dann gibt die Schule Ihnen einen Leitfaden in die Hand. Der Pfad erfordert – und das ist tatsächlich der Pfad – daß Sie mit Hilfe der Schule Ihren elektromagnetischen Schlüssel verändern. Das ist für jeden Schüler möglich. Aber dazu ist eine fest entschlossene Haltung notwendig. Sie müssen nicht krampfhaft, nicht fanatisch, sondern sehr fest entschlossen sein. »Zerbrechen Sie die alten magnetischen Bande und lernen Sie, in der serenen Tempelvibration zu atmen. Lernen Sie, in der Gnosis zu atmen.« Niemand kann das für Sie tun. Sie müssen selbst handeln.

V

DIE PHOTOBIOLOGISCHEN WIRKUNGEN

In den vorigen Kapiteln untersuchten wir einige schädliche Wirkungen der Fernsehstrahlung auf das menschliche System. Es ist möglich, daß in der Zukunft neue Techniken angewandt werden, die zur völligen Aufhebung der Fernsehstrahlungen führen können. LCD (Liquid Crystal Display) ist eine solche Möglichkeit. In diesem Augenblick ist die Strahlungsgefahr jedoch noch real und wird es wegen der hohen Kosten für neue Techniken auch noch geraume Zeit bleiben. Vergessen Sie außerdem nicht: Die Strahlung ist nur eine der Gefahren. Die übrigen, in dieser Broschüre beschriebenen psychischen Beschädigungen und die Einkapselung des Bewußtseins gelten – mit oder ohne Strahlung – weiter.

Der Schüler auf dem Pfad ist besonders besorgt wegen einer möglichen, nicht zu behebenden Schädigung der feineren Organe, wie der Epiphyse oder Pinealis und der Hypophyse (Hirnanhangdrüse), die im Prozeß der Transfiguration äußerst wichtige Funktionen erfüllen. Diese bemerkenswerten Organe reagieren auf jede Lichtart, die auf die Netzhaut des Auges einwirkt. Man nimmt im allgemeinen an, daß die Augen nur eine einzige Funktion haben, das Sehen. Die Funktion der Augen ist in Verbindung mit der Pinealis und der Hypophyse jedoch dreifach:

1. das Übertragen der Lichtenergie in »Bilder«, die über die Sehnerven in das Gehirn gelangen (visuelle Wahrnehmung oder Sehvermögen);
2. die Aufnahme der Lichtenergie über die neuro-chemischen Kanäle in die Pinealis und die Hypophyse und von dort aus in das Gesamtsystem der endokrinen Drüsen (Lichtabsorption oder Photosynthese);
3. Ausdruck der Realität der Seele – der sterblichen Blutsseele – und schließlich der transfigurierten, unsterblichen Seele (das Auge als Spiegel der Seele, »das dritte Auge«).

Bezüglich der zweiten Funktion (Licht als Zellnahrung) ist es äußerst wichtig, welches Licht wir aufnehmen, ob es sich zum Beispiel um natürliches Licht handelt, das die Sonne über uns ausstrahlt, oder um künstliches Licht. Ist das Licht diffus, umgibt es uns also allseitig, oder ist es konzentriert und wird uns gleichsam in die Augen »geschossen«?

Künstliches Licht kann viele schädliche Wirkungen hervorrufen, von denen wir nichts wissen. Das geschieht besonders, wenn wir unverwandt in das Licht blicken, wie zum Beispiel beim Fernsehen.

Vielleicht ist es gut, noch einmal zu wiederholen, daß mit dem natürlichen Sonnenlicht eine ausgewogene Licht-Diät, ein Spektrum ausgestrahlt wird, während jede Form des künstlichen Lichtes nur ein armseliges Gemisch spektraler Ingredienzen (Farben) enthält. So besteht das Licht des Farbfernsehens nur aus drei engen Frequenzbereichen: Rot, Blau und Grün.

Photobiologen wie Dr. John Ott entdeckten durch mikroskopische Photographie, daß das Licht die Zellaktivität der Pflanzen beeinflußt. Durch den Wechsel von einer Farbe zur anderen traten in den Zellen bemerkenswerte Veränderungen auf. Der Strom der Chloroplaste wurde einmal träger, das andere Mal unregelmäßig und wich dann wieder völlig vom normalen Rhythmus ab, der vorherrscht, wenn Pflanzen im Sonnenlicht stehen.

Tierversuche haben gezeigt, daß die Farbveränderungen des künstlichen Lichtes die Hormonausscheidung, die Tätigkeit der Eierstöcke, die Entwicklung von Hautkrankheiten, die Fruchtbarkeit, das Wachstum und vieles mehr beeinflussen. Mäuse mit einer Krebserkrankung im Anfangsstadium hatten eine Überlebenschance von 97 %, wenn sie in gewöhnliches Sonnenlicht gebracht wurden. Aber nur 61 % überlebten bei rosafarbenem künstlichem Licht. Die Schwänze der Mäuse, die unter rosafarbenem Kunstlicht gehalten wurden, verdorrten und fielen ab. Unter einem bestimmten dunkelblauen Licht stieg der Cholesterinspiegel im Blut stark an. Andere Lichtveränderungen verursachten Aggressivität, Überaktivität, Ziellosigkeit, Desorientierung und Veränderungen im sexuellen Verhalten.

Ähnliche Veränderungen kann man bei Menschen wahrnehmen. Außerdem zeigen sich bei ihnen geänderte psychologische Strukturen, veränderte Rotationsgeschwindigkeit der Chakras und Reizung oder Erschöpfung der feinstofflichen Körper. Einige der fundamentalen Erscheinungen sind wohlbekannt, wie zum Beispiel der beruhigende, aber auch deprimierende Einfluß des blauen Lichtes. Das englische Wort »Blues« bedeutet soviel wie Melancholie oder Depression. Denken Sie nur an die melancholischen Texte und Melodien der »Blues Songs« oder auch an den deutschen Ausdruck »blau« für einen durch Alkohol narkotisierten Menschen. Und hat nicht beinahe jede größere Stadt der Welt einen Bezirk der »roten Laterne«?

Die Komplexität der Lichtwirkungen geht sogar noch tiefer. Licht wirkt auch auf die Nahrung ein, die wir zu uns nehmen. Verschiedene Nahrungsmittel reagieren auf unterschiedliche Licht-Wellenlängen oder Farben. Auch in dieser Hinsicht ergibt sich die beste Wechselwirkung als Resultat der ausgewogenen Licht-Diät des natürlichen Sonnenlichtes. Für die meisten Nahrungsmittel besitzt einseitiges Kunstlicht nicht den geringsten Wert. Andererseits kann auch eine Überreaktion auftreten – wenn die spezifischen Wellenlängen des Kunstlichtes mit denen der Nahrungsbestandteile übereinstimmen.

Weitere Komplikationen entstehen, wenn Konservierungsmittel sowie Farb- und Geschmacksstoffe der Nahrung, die wir kaufen, hinzugefügt werden. Man nimmt an, daß die Lichtausstrahlung des Farbfernsehens und anderer fluoreszierender Lichtquellen, die mit diesen künstlichen Farbstoffen in Resonanzwirkung treten, die Überaktivität bei Kindern stimuliert. Ein gewisser Dr. Ben Feingold hat herausgefunden, daß die Entfernung dieser künstlichen Farb- und Aromastoffe bei der Ernährung der Kinder die Überaktivität und auch die allergischen Reaktionen vermindert. (Wir wissen nicht, ob Dr. Feingold daran gedacht hat, ob die Verbannung des Fernsehers vielleicht ebenso gut hilft, eventuell sogar noch besser!)

Wie beeinflußt das alles uns, unsere Kinder und Enkelkinder? Sehr wenige Wissenschaftler stellen diese Frage. Fast alle sind euphorisch bei dem Gedanken, daß die

wunderbare Entwicklung der Technik unserer Welt mehr
»Lebensqualität« gebracht hat. Besser, als auch nur zu ver-
suchen, diese Frage vollständig zu beantworten, ist es, die
richtigen Maßnahmen zu treffen – für unsere Kinder und
für uns selbst.

Zusammenfassend müssen wir feststellen, daß man mit dem
Fernsehlicht nicht vorsichtig genug sein kann, und zwar aus
mehr als einem Grund: aus Gesundheitsgründen, aber
auch, und das ist noch wichtiger, aus dem einfachen Grund
des spirituellen Überlebens. Unsere hochempfindlichen Organe – die Augen, die Pinealis, die Hypophyse, ganz zu
schweigen von den feinstofflichen Körpern und den Chakras – sind nicht für so fatale Beanspruchungen wie das
tägliche Bombardement mit fluoreszierendem Licht von hoher Energie und einer bestimmten Dosis Röntgenstrahlung
geschaffen. Sie werden dadurch in ihren höheren Funktionen verletzt, gelähmt und verbrannt.

Diese Organe sind hoch entwickelte Zentren der Lichtenergie, reine Kanäle zur Offenbarung der strahlenden Wirklichkeit der lebenden, wiedergeborenen Seele. So ist zum
Beispiel der Pinealis-Feuerkreis* der Ort, an dem Geist und
Seele ihre heilige Verbindung feiern müssen. Die mächtigen
Vibrationen dieser sublimen Begegnung haben gut vorberei-
tete Brennpunkte nötig, die in großer Reinheit vibrieren und
vollkommen ihrer Aufgabe geweiht sind. Dann kann das
»dritte Auge« geöffnet werden. Und die Entwicklung des
neuen Menschen ist unaufhaltsam.

Was weiß der Durchschnittsmensch von diesen erhabenen
Funktionen? Nichts! Daher kann man es ihm nicht einmal
übelnehmen, daß er seine Möglichkeiten für ein höheres

Leben vernachlässigt und praktisch zerstört. Der Schüler der Schule des Rosenkreuzes sollte es jedoch besser wissen. Er muß erkennen, daß Fernsehen, und seien es auch nur zehn Minuten pro Tag, unvereinbar ist mit der Aufnahme der Lichtkräfte des neuen elektromagnetischen Feldes der Schule.

Stellen Sie sich einmal die Situation vor, daß die Chakras und die endokrinen Drüsen im Haupt die ersten Zeichen eines zögernden Leuchtens im Licht der Gnosis zeigen. Wie absurd und ausgesprochen dumm wäre es, dieses zarte Erwachen immer wieder durch die Fernsehstrahlung abzutöten.

VI

DIE AUGEN, DAS DENKEN UND DIE SEELE

»Das Auge ist der Spiegel der Seele.« Lichtenergie, die über die Augen (und in geringerem Maß durch die Haut) in den Körper eindringt, beeinflußt die Seele und tritt mit ihr in eine Wechselwirkung. Umgekehrt strahlen sehr feine, jedoch kräftige Energien aus den Augen, und zwar als Ausdruck der Seele in der Welt. Das gilt sowohl für die sterbliche Blutsseele als auch für die transfigurierte unsterbliche Geistseele (solange sie noch im Stoffkörper existiert). In beiden Fällen spielt das Denkvermögen eine wichtige Rolle. Das Denken, die Augen und die Seele hängen eng miteinander zusammen.

Wenn das Denkvermögen jemals als erleuchteter Körper der wiedergeborenen Seele dienen soll, dann muß es selbstverständlich von Kindheit an in sehr besonderer Weise erzogen werden. Aus diesem Grunde wurden die Jan van Rijckenborgh-Schulen in den Niederlanden eingerichtet, in denen Lehrer und Eltern keine Mühe und Kosten scheuen, um die Kinder zu beschirmen und ihre Entwicklung in eine verantwortete, gnostische Richtung zu lenken.

Das Kind benutzt beim Denken hauptsächlich die rechte Gehirnhälfte, in der die Zentren des Traumlebens, der Phantasie, der Intuition usw. liegen. Es muß jedoch im Lauf seiner Entwicklung die Brücke, die Verbindung zur linken Gehirnhälfte herstellen, in der sich die Zentren für das Gedächtnis, die Sprache, das analytische Vermögen, das Verständnis und die Erkenntnis befinden. Das Ziel der Jan van Rijckenborgh-Schulen ist es, durch einen ausgewogenen Unterricht die Entwicklung beider Gehirnhälften zu fördern, wobei die Erkenntnis- und Verstandesfunktionen stets von Phantasie und Intuition begleitet werden. Gleichzeitig wird soviel wie möglich das Herzheiligtum* des Kindes aktiviert und offen gehalten für die Berührung durch gnostische Einflüsse. Die zuletzt genannte Aktivität wird besonders im Jugendwerk des Lectorium Rosicrucianum betont.

Wenn dann auch die Eltern diese wichtige Arbeit verstehen und sie durch ihre Erziehung unterstützen, werden die bestmöglichen Voraussetzungen für das heranwachsende Kind geschaffen, um eine optimale Zusammenarbeit der beiden Gehirnhälften, zwischen Kenntnis und Intuition zu erreichen: Die Wiedererkennung des göttlichen Plans als Antwort auf die Wirksamkeit des Geistfunkenatoms im Herzen. Nur dann kann der Pfad des Lebens betreten werden. Wenn dieser Punkt im Wachstum nicht erreicht wird, ist die Wesenheit dazu verdammt,»den Weg allen Fleisches« zu gehen.

An dieser Stelle kommen wir wieder auf das Fernsehen zurück. Denn anhand einiger einfacher Beobachtungen muß festgestellt werden, daß das Fernsehen darauf gerichtet ist, den oben genannten Wachstumsprozeß völlig zu zerstören. Wir wollen nun sehen, wie das geschieht.

Für die Entwicklung des Denkens des Kindes sind unentbehrlich: a) die motorische Aktivität oder Beweglichkeit und b) eine breit gefächerte sinnesorganische Wahrnehmung.

Ein gesundes Kind zeigt fast den ganzen Tag motorische Aktivität. Es muß laufen, schieben, fallen, klettern, hüpfen usw. Aber es muß auch den vollständigen Gebrauch seiner Sinnesorgane entwickeln, denn sie sind die Pforten für die Denkerfahrung. Ohne sie wäre eine richtige Entwicklung der linken Gehirnhälfte ernsthaft behindert. Das Kind muß einen Baum sehen, den Wind hören, eine Blume riechen, einen Apfel schmecken, seinen Teddybär fühlen und umarmen.

Was bewirkt das Fernsehen in dieser Hinsicht? Es zwingt das Kind zu einer unnatürlichen Bewegungslosigkeit des ganzen Körpers, einschließlich der Augen (was wichtig ist, wie wir bald sehen werden). Außerdem wird der Umfang der echten sinnesorganischen Reize, die auf die Gehirnzellen einwirken, eingeschränkt, da es diese auf ein Surrogat aus einseitigen, künstlichen und darum unwirklichen Sinneseindrücken reduziert. Gewisse Gehirnzentren werden überaktiviert, während andere völlig vernachlässigt werden.

Es gibt eine große Anzahl wissenschaftlicher Untersuchungen, die zeigen, daß Augenbewegung und Denken unmittelbar zusammenhängen. Seelenausdruck über die Augen, abwechselnd mit lebendiger Wahrnehmung durch die Augen, bewirkt Aufmerksamkeit und Aktivität, also die Funktion des Bewußtseins.

Es gibt ebenfalls Studien, die nachweisen, daß die Denkfunktionen herabgesetzt sind, wenn sich die Augen nicht bewegen, sondern wie die von Schlafwandlern starren. Der erstarrte Blick einer fernsehenden Person zeigt deutlich, daß das bewußte Denk- und Unterscheidungsvermögen zugunsten passiver Aufnahme von Fernseh-Traumbildern preisgegeben wurde. Es ist ein tranceartiger Zustand, der dem »Tagträumen« ähnelt.

Der Emery-Report[1] stellte fest, daß bereits »das fortwährende Fixieren des Fernsehzuschauers keine Aufmerksamkeit ist, sondern ein Zustand, der dem Tagträumen oder dem Abwesendsein verwandt ist.« Der Zuschauer schließt forciert die Nervenleitungen zwischen den visuellen Bildern und dem autonomen Nervensystem ab, die sonst Bewegung und Aufmerksamkeit stimulieren würden.

Der Bericht fährt fort, daß ungeachtet des Programminhaltes die menschliche Gehirnwellen-Aktivität eine »charakteristische« Struktur annimmt: Die Verbindung zwischen der rechten und der linken Gehirnhälfte ist tatsächlich unterbrochen. Verständnis, Erkenntnis und analytisches Denken sind blockiert, während der Tagtraum weitergeht. Das bedeutet, daß jede übergreifende Verarbeitung, also das Bewußt- und Nutzbarmachen unbewußter Eindrücke, ausgeschaltet ist. Die Information dringt ein und wird unmittelbar im Gedächtniszentrum gespeichert, also ungefiltert, unverarbeitet, ohne bewußte Mitwirkung der Seele und der äußeren Welt.

Es ist wichtig, anzumerken, daß die Forscher nicht vom Inhalt der Programme beunruhigt werden. Auch der kann natürlich sehr schädlich sein. Doch es ist das Medium selbst, welches (nach Jerry Manders Worten) das Bewußtsein ausschaltet und den Geist verdunkelt.

---

[1] Fred und Merrely Emery, *A Choice of Futures: To Enlighten or to Inform?* (Zweimal Zukunft zur Auswahl: Erleuchtung oder Information?), Canberra, Centre for Continuing Education, Australian National University, 1975.

Je jünger ein Kind ist, desto leichter werden die Nervenwege mit völlig falschen Abläufen »programmiert«. Daher wird sogar das dialektische »Menschsein« sehr ernsthaft entstellt, ganz zu schweigen von den Befreiungsmöglichkeiten des Mikrokosmos.

VII

DER SEELENLOSE ELEKTRONISCHE RHYTHMUS

Im vorigen Kapitel lasen wir, wie die Entwicklung des Denkvermögens eines Kindes durch die Gewohnheit des Fernsehens ernsthaft beeinträchtigt werden kann. Betont wurden die katastrophalen Folgen im Hinblick auf das Denkvermögen als Trägerkörper der wiedergeborenen Seele.

Damit Sie den schonungslosen Angriff auf die Seele und besonders die junge Seele vollständig erfassen, ist es wichtig, darauf hinzuweisen, daß tatsächlich ein Prozeß stattfindet, der einmal als »das Atomisieren der Seele« angedeutet wurde. Beim Fernsehen entsteht der Eindruck, Bilder zu sehen, obwohl man tatsächlich nur den phosphorisierenden Schein von ungefähr 300.000 winzigen Punkten sieht. Ein Bild ist nicht vorhanden!

Diese Punkte scheinen ständig erleuchtet zu sein, sind es aber nicht. Sie gehen fünfundzwanzigmal pro Sekunde an und aus, wodurch der sogenannte Flimmereffekt des Fernsehens entsteht. Das Flimmern geschieht so schnell, daß das Auge, und daher auch das Bewußtsein, nicht folgen kann. Die Umsetzung von Lichtenergie in visuelle Bilder im Gehirn findet nämlich nur etwa zehnmal in der Sekunde statt. Nur durch das ununterbrochene Starren und das Nachglühen der Punkte auf dem Bildschirm werden die Augen getäuscht und erfahren die Bilder als Wirklichkeit.

Aber die Seele läßt sich nicht so leicht täuschen. Und in den tief verborgenen Winkeln des Bewußtseins erwacht das Gefühl, durch das, was die Augen übermitteln, innerlich zerrissen, in tausend Atome zertrümmert zu werden. Dieses Gefühl der Atomisierung ist sehr real und beweist eine gestörte Polarisation der feinstofflichen Körper. Es ist buchstäblich wahr, daß man dann »weniger Seele« besitzt.

Daß diese Erfahrung durch Jahre gewohnheitsmäßigen Fernsehens verschwindet, zeigt nur, daß aus »weniger Seele« auf die Dauer »seelenlos« geworden ist. Durch das Fernsehen werden die Menschen zu seelenlosen Wesen.

Wir wollen darauf näher eingehen, indem wir ein anderes Problem des Fernsehens in unsere Betrachtung einbeziehen, das unmittelbar mit dem oben Festgestellten zusammenhängt, nämlich das Pulsieren des Bildschirms.

Wir kennen alle die hypnotisierende Wirkung eines monoton wiederholten Rhythmus wie zum Beispiel in einem Rock-Konzert, der sogar einen Trance-Zustand hervorrufen kann. Das Publikum kann leicht außer sich geraten. Das bringt uns auf das Thema Rhythmus und seine Wirkung auf den Schwingungszustand des Blutes und der feinstofflichen Körper.

Der mechanische Beat-Rhythmus der gröbsten Formen moderner Musik verursacht schließlich einen Rückfall in die alte Magie. Sie hatte das Ziel, die Menschheit, die in der grauen Vorzeit hauptsächlich in den ätherischen Gebieten bewußt war, tiefer in den Stoff zu treiben. Es entwickelt sich dadurch ein Atavismus, der dem Entstofflichungsimpuls des Aquarius-Zeitalters völlig entgegengesetzt und daher äußerst gefährlich ist. Potentielles Seelenwachstum wird durch tatsächliche Seelensklaverei gedrosselt oder ersetzt.

Der Bildschirm in Ihrem Wohnzimmer bringt ein elektronisches Pulsieren hervor, das ebenso gefährlich ist. Durch das Flimmern aller Punkte (25mal pro Sekunde) und die rasende Zeilenschrift des Elektronenstrahls pulsiert der Schirm mit der gleichen Frequenz. Dieses ständige Pulsieren des Lichtes, begleitet von einem schrillen Ton (15.625 Hertz), der gewöhnlich eben über der Gehörgrenze liegt, ist für Kopfschmerzen, Augenbeschwerden und zunehmende Reizung des Nervensystems verantwortlich. HDTV (Hoch-Definitions-Fernsehen), das »Heimtheater mit Kino-Qualität« und »das Fernsehen der Zukunft« bringt mit seinen 1250 Zeilen und 50, 60 oder 100 Hertz einen noch viel höheren Ton hervor, der für das Ohr nicht mehr wahrnehmbar ist. Die möglichen, sehr schädlichen Wirkungen auf das Nervensystem und die feinstofflichen Körper lassen sich nur erraten.

Außerdem gibt es dabei schlimmere Wirkungen, die noch ernster sind. Man hat eine wachsende Anzahl von Epilepsiefällen bei den Menschen festgestellt, die für diese Art des Pulsierens besonders empfänglich sind. Man spricht von einer »Fernseh-Epilepsie«, wenn Nicht-Epileptiker (speziell Kinder) beim Fernsehen derartige Anfälle haben.

Dann gibt es auch noch den hypnotischen Effekt: dunkler Raum, Augen unbewegt, Körper in Ruhe und ständiger Blick auf das Licht, das ununterbrochen flackert. Das alles sind optimale Bedingungen für eine hypnotische Trance. Es hat seinen Grund, daß viele empfindliche Menschen darüber klagen, daß sie sich »hypnotisiert, mesmerisiert, einer

Gehirnwäsche unterworfen, fassungslos, vom Fernsehen versklavt, lebendig tot« fühlen.

Eine äußerst raffinierte Technik, nämlich Werbung unterhalb der Bewußtseinsschwelle[1], knüpft beim Rhythmus der Bildröhre an, indem sie Bilder übereinstimmend mit deren pulsierendem Rhythmus aufblitzen läßt, also schneller als das Sehvermögen wirkt. Während sich die Sehprozesse unterhalb der elektronischen Geschwindigkeit entwickeln, haben die Werbefachleute Zugang zur Frequenz der elektronischen Zeilenschrift. Die Werbung geht über den Zuschauer hin, aber der ist nicht imstande, sie schnell genug zu verarbeiten. Sie wird also in den unterbewußten Schichten des Gedächtnisses registriert. Von da aus übt sie dann eine gewisse Spannung aus, die offensichtlich Menschen dazu bringen kann, den angebotenen Artikel, den sie unbewußt im Fernsehen »wahrgenommen« haben, zu kaufen.

Der Rhythmus der Bildröhre ist unter anderem verantwortlich für Überaktivität bei Kindern und im allgemeinen für einen zunehmenden Zustand der Ruhelosigkeit in den feinstofflichen Körpern des Menschen. Sie werden stark elektrisch geladen, also überaktiviert, und es gibt für diese Unruhe keine einfache Möglichkeit zum Abreagieren. Um dieses Gefühl loszuwerden, neigt man dazu, fernzusehen, um wenigstens zeitweise das allgemeine Gefühl des Unbehagens zu unterdrücken. Das Ergebnis ist dann stärkere Stimulierung, die dann wieder nach mehr Fernsehen verlangt... bis der Kreis sich durch Versklavung schließt.

Dann hat sich eine Generation von unzufriedenen und un-

---

[1] Bekannt als »subliminal advertising« (unterbewußte Reklame).

glücklichen Wesen entwickelt. Ihre endokrinen Drüsen sind hoffnungslos beschädigt, ihre unsichtbaren Körper stark geladen, desorganisiert und ihrer wesentlichen Qualitäten beraubt. Diese Menschen werden in einem Zustand äußerster Verwirrung und Nervosität »seelenlos« zurückgelassen. Das äußert sich dann in aggressivem Verhalten und großer Unsicherheit darüber, was real und was irreal ist. Für solche Wesen ist die Möglichkeit, den Pfad der Rückkehr in das göttliche Vaterland in diesem Leben zu finden und zu betreten, nahezu vernichtet.

Es liegt in Ihrer Verantwortung, das für sich zu verhindern. Sie müssen sich selbst und Ihre Kinder davor beschirmen.

VIII

DIE WELT – EIN ELEKTRONISCHES DORF

Einige werden die in dieser Broschüre dargestellte Ansicht über das Fernsehen für zu düster, zu übertrieben und zu weitgehend halten. »Es gibt doch viele gute Programme im Fernsehen.« Diese Meinung beweist dann, daß der betreffenden Person absolut nicht klar ist, worum es geht. Es geht uns nicht um gute oder schlechte Fernseh-Sendungen! Es geht um das Medium selbst – und was noch wichtiger ist, um das, was dahinter steht!

Heute sind wir diesem Medium bereits in überwältigendem Maß ausgesetzt; morgen wird es einfach vernichtend sein. Fast niemand ist imstande, ihm zu entkommen oder auch nur dem quälenden Druck einer Magie zu widerstehen, die immer weiter in das Leben eines jeden eindringt und ihn zum seelenlosen Opfer macht. Fast niemand ist sich dessen bewußt, was sich hinter der Bühne abspielt – welches Spiel da eigentlich gespielt wird. Um die Situation zu erkennen, ist es gut, das Buch *Demaskierung*[1] von Jan van Rijckenborgh zu lesen und wieder zu lesen. Es wird darin dargelegt, daß das Große Spiel der allgemeinen Übernahme der Macht durch die Spiegelsphäre mit Hilfe einer teuflischen Vergiftung des menschlichen Bewußtseins vorbereitet wird. Das Ergebnis wird sich darin zeigen, daß keine freie Wahl mehr möglich ist.

---

1 Ausgabe der Rozekruis Pers, Haarlem, 1993.

Die Geschichte belehrt uns über die Methoden »zivilisierter« Völker, die in sogenannte primitive Zivilisationen eindrangen, um ihre Reichtümer zu rauben. Sie tauschten bei den Eingeborenen faszinierende, jedoch wertlose Handspiegel und Glasperlen gegen wertvolle Güter ein. Dasselbe geschieht gegenwärtig in weit größerem Maßstab. Das Wunder des Fernsehens wird allen Völkern im Austausch für ihren Geist und ihre Seele angeboten. Warum? Um den Fortbestand der gefallenen Naturordnung zu sichern.

Durch die Aquarius-Einstrahlung werden die Völker zur Freiheit gerufen. Die Bruderschaft des Lebens dringt in diese unheilige Ordnung ein, um verlorene Seelen zu erwecken, die in der Finsternis umherirren. Auf diese Weise wird die Vorherrschaft der Spiegelsphäre beendet. Daher ist es so wichtig für alle Spiegelsphären-Bruderschaften, diesen Ruf abzufangen und möglichst ganz zum Verstummen zu bringen, indem sie die Massen unbewußt halten – sie fortwährend mit neuen »Spiegeln und Glasperlen« faszinieren und beschäftigt halten, egal womit. Alles ist ihnen recht, solange die Gemüter nur in Bewegung gehalten werden, damit kein Vakuum entsteht, in dem der Ruf gehört werden kann. Die Hauptsache ist Unterhaltung!

Eine Folge davon ist die heutige Explosion dessen, was man als »Freizeitindustrie« bezeichnet und das sich rund um den häuslichen Fernsehapparat konzentriert. »Unterhaltungs-Elektronik« heißt diese neue Sparte. Diese Industrie steckt noch in den Kinderschuhen. Zukunftsforscher sehen eine Ära weltumfassender elektronischer Massenkommunikation voraus, die alle Grenzen und Barrieren hinwegfegen wird. Sie sagen, daß dadurch ein elektronisches Dorf entsteht, das die ganze Welt umfaßt (»global village«).

Achten Sie zum Beispiel auf die Entwicklung der Home Video Games. »Gameboys« und ähnliche überspülen den Markt mit hundert Variationen. Mikrocomputer, eingebaut in Bedienungskästchen mit vielen Knöpfen laden Jung und Alt zu elektronischen Spielchen auf dem häuslichen Bildschirm ein: Tennis, Ping-Pong, Flipper, Baseball, Feuergefechte, Feldschlachten mit Panzern, Autorennen, komplett mit quietschenden Reifen, Motorengebrüll, donnernden Zusammenstößen usw. Die Entwicklung ist bestürzend! Man fragt sich: Wo wird das enden? Ralph Baser, Pionier in Videospielen, weiß es schon lange: »Es gibt kein Ende«, sagte er in einem Artikel in *Reader's Digest* vom März 1978.

Offenbar reicht das alles noch nicht aus, um den Aquarius-Ruf zum Verstummen zu bringen. Denn gelegentlich zeigen einige Menschen noch Zeichen des Erwachens aus dem Traum. Dann muß sie sofort wieder eine Handvoll »Spiegel und Glasperlen« in Schlaf versetzen.

Ein anderes vielgeliebtes Spielzeug ist der Videorecorder. Damit ist man imstande, eine Fernsehsendung zu sehen und eine andere aufzuzeichnen, um sie später anzusehen. Man kann auf Reisen gehen und den Videorecorder so einstellen, daß man keine seiner Lieblingssendungen versäumen muß. Denn darum geht es: Nur nichts versäumen. Vor Jahren gedrehte Filme können so aufgezeichnet und auf dem häuslichen Fernsehschirm gezeigt werden, neben all dem anderen, was man bereits in seiner Videothek besitzt. Die Möglichkeiten sind unbegrenzt. Man nimmt an, daß das »Video-Heimkino« zur Standardausrüstung der meisten amerikanischen und europäischen Familien gehören wird. Entspannung, Information und Sensation auf Knopfdruck.

Aber es wartet noch mehr auf uns, viel mehr. Die Zukunft hält neue technologische Entwicklungen für die Menschheit bereit: Kabelfernsehen, Großbildschirme, vielfache Kanäle, weltweiten Empfang, Glasfasersysteme kombiniert mit Laserstrahlen, kreisförmig polarisierte Antennen, holographische (dreidimensionale) Projektion. All das dient dazu, aus den Menschen starre »Videophile« zu machen.

In *Die neue Macht-Elite* schildert Alvon Toffler, was der Fernsehzuschauer sehen wird: »Immer mehr Unterschiedlichkeit, in zunehmendem Maß genährt durch eine schwindelerregende Vielfalt an neuen Kanälen und Medien«. Außerdem verursacht die Medienverschmelzung (Multimedia), »das Mediensystem als Ganzes eine wesentlich größere Kraft, die überall auf der Erde durchdringt«, so Toffler. Bezeichnenderweise nennt man die Punkte auf der Erde, die außerhalb des Bereichs von Fernsehsendern liegen, »Täler der Unwissenheit«.

Ein Artikel in der *Funkschau* 5/1992 mit dem Titel *Die Zukunft heißt Multimedia* schildert einen sehr lukrativen Markt für science-fiction-artige Kombinationen von Audio, Video, Text und Bildern, aufgenommen mit Videorecordern und Camcordern mit digitaler Wahl, die man mit Hilfe von Video-Prozessoren und Personal-Computern mit spezieller Software mischen und für die Vertonung auf Großbild-HDTV mit Hifi-Set bearbeiten kann. Das Audio-Video-Netz schließt sich mit einer fast unentrinnbaren Perfektion. Das neue Hören und Sehen der erwachten Seele wird so verdrängt und durch ein technisches Meisterwerk ersetzt.

Eine wirklich Angst einflößende Entwicklung ist *Virtual Reality* (VR, virtuelle Realität). VR ist Surrealität, totale

Illusion, das Ende. Mit VR können Sie in fiktiven Räumen herumwandern. Sie betreten eine künstliche Welt, Ihre Phantasiewelt oder die eines anderen. VR ist die Verwirklichung des Romans von William Gibson *Neuromancer*, herausgegeben 1984, und eine echte Sensation. Er führte das »Cyberspace«, einen ganz aus Information bestehenden Raum ein: Materielos, mehrdimensional, in dem alles scheinbar ist wie die Schatten in Platos Höhle. Für VR wird der Fernseher mit Sensoren verkoppelt, Video-Prozessoren und Computer mit sehr avancierter Animation-Software.

Einige Monate nach dem Erscheinen von Gibsons literarischer Phantasie brachte Jaron Lanier »data glove« auf den Markt, einen Handschuh mit Sensoren und Drähten, die mit einem Computer verbunden werden. Daran wird ein Helm mit einer dreidimensionalen Brille gekoppelt. Man braucht auch keinen joy-stick mehr, sondern von dem ausgestreckten Finger geht ein tödlicher Strahl aus, der den Feind vernichtet. Mit Helm und data-Handschuhen (oder mit data-pak) betreten Kosmonauten ihr virtuelles Universum, schneiden Chirurgen in digitale Leichen, führen Architekten potentielle Käufer durch eine noch zu bauende Villa, tanzt man mit einem virtuellen Partner – digitaler Betrug oder... die Reflexion eines Partners in 1000 km Entfernung, durch Glasfaserkabel oder Satellitenverbindung mit derselben virtuellen Realität verbunden. Die virtuelle Wirklichkeit erweckt den Schein, viel aufregender, sogar viel echter zu sein als die banale »wirkliche Realität«. Man braucht kein Prophet zu sein, um vorauszusagen, daß es nicht lange dauern wird, bis die Unternehmer von Sexartikelfirmen die erotischen Möglichkeiten von VR benutzen und bis ins Absurde hochtreiben werden.

Aber man kann auch noch auf andere Weise miteinander in Kontakt treten. Der eine kann wie ein Fisch im Wasser schwimmen, während der andere auf einem Planeten umherläuft. Begegnet man sich, dann übersetzt das Computerprogramm die beiden Wirklichkeiten: Fisch sieht andere Fische, Kosmonaut sieht außerirdische Wesen. Die Möglichkeiten sind unbegrenzt.

In England wird VR in Spielhallen angeboten, in den sogenannten Arcade-Behältern. Jugendliche lassen ihren Adrenalinspiegel in VR-Maschinen hochjagen, was als eine elektronische Droge erfahren wird. Ein beunruhigender Effekt ist allgemeine Desorientierung und mangelnde Fahrtüchtigkeit. Das erinnert an die Folgen von NASA-Experimenten mit Kosmonauten. Minutenlanges Übergeben nach dem Kick des VR-Trips ist keine Seltenheit...

Aufsehenerregende Fernsehprogramme wie »Cyberzone«, das durch die BBC ausgestrahlt werden soll und vielleicht in dem Moment, in dem Sie dieses lesen, bereits ausgestrahlt wird, greifen tief in die menschliche Psyche ein. Später erwartet man Nachrichtensendungen im Fernsehen mit Sensoren. Man empfindet dann die Einschläge auf dem Schlachtfeld!

Während des ersten Cyberspace-Kongresses der Universität Texas sagte ein gewisser Joel Anderson: »Die Theologie ging bis jetzt von einem hypothetischen Zuschauer aus, der Zeit und Raum überblickte – Gott. Allmählich haben uns jedoch Maschinen die Möglichkeit gegeben, diese Position einzunehmen und Macht über Zeit und Raum auszuüben.«

Es wird einmal Fernsehen ohne Bildschirm geben. Dreidimensionale Bilder werden dann in unsere Wohnzimmer projiziert. Wir werden in einer Orgie von Stereobildern und Stereoklang untergehen. Wir werden uns selbst in Bilder verwandeln. Die Vorstellungskraft wird dann vollkommen durch Abbildungen ersetzt. Dann ist die Illusion total.

Warum ist Vorstellungskraft oder Imagination so wichtig? Weil Vorstellungskraft, auch als Ideationskraft angedeutet, die Pforte ist, durch die man auf die Suche nach Selbstverwirklichung, nach Befreiung ziehen kann. Es ist ein schöpferisches Vermögen. Ohne Vorstellungskraft können wir niemals ein Ziel erreichen. Die Vorstellung einer Möglichkeit geht stets der aktuellen Nutzung einer Möglichkeit voran. Der Gedanke kommt vor der Handlung, Ideation geht der Realisation voran. Gott »erdachte« die Welt und sprach dann das schöpferische Wort.

Die Schöpfung des neuen Menschen ist nicht möglich ohne die mentale Konzeption des himmlischen Anderen im menschlichen Atemfeld. Ideation muß in Transfiguration münden. Das gewaltige Ringen findet statt, um die menschliche Vorstellungskraft zu fesseln und in Bildern zu ersticken, die äußerst unwirklich sind und nicht spontan von innen kommen, sondern vorprogrammiert sind. Keine Pause wird zugestanden, kein Augenblick der Ruhe und Stille, weil das fatal sein könnte. Denn in einem Moment der inneren Besinnung auf die Wahrheit könnte die Pforte der Vorstellungskraft geöffnet werden. In diesem Augenblick wäre das Bewußtsein gleichsam nackt und könnte den Ruf hören. Darum die Spiegel und die Glasperlen. Sie suggerieren uns: Töten Sie die Stimme, die Stimme des Aquarius, die Stimme der Stille. Schützen Sie sich vor dem unbehaglichen Gefühl der Entfremdung, das durch die heilige Berührung der Bruderschaft verursacht wird. Ergreifen Sie etwas, um Ihre Nacktheit zu verhüllen – Ihre »Unterhaltungselektronik«.

Sehen Sie die kommende Rasse der Video-Süchtigen vor sich, Millionen Wesenheiten, die zur menschlichen Lebenswelle gehören, eingesponnen in ihre elektronischen Kokons, mit ihren dreidimensionalen Bildschirmen, hundert Kanäle mit Programmen vollgestopft, jeder auf einem anderen elektronischen Trip. Werden einige von ihnen noch lange genug abschalten, um ihre Umgebung zu bemerken, ein Gespräch zu führen, ein Buch zu lesen oder einen Moment der Stille und Besinnung zu erleben?

Sy Salkowitz, Präsident der 20th-Century-Fox Television hat öffentlich erklärt: »Wir müssen herausfinden, ob wir etwas Erfreuliches produzieren oder Menschen unwissend mit einem Krebs infizieren.« Das ist es genau! Das neue Jerusalem senkt sich herab, aber die Menschheit baut sich ihr elektronisches Dorf. Das ist der Krebs!

IX

QUBE, DIE »ROTE BIBEL«
UND DER »GROSSE BRUDER«

Wissen Sie, was »Qube« ist oder besser war? Qube war eine der ersten, aufsehenerregendsten Entwicklungen auf dem Gebiet des Dialog-Kabel-Fernsehens. Warum Dialog? Weil es Ihnen ermöglicht, auf die Fernsehsendung »zu antworten«. Ein Anschluß an Ihren Computer eröffnet Ihnen die Möglichkeit, an interaktiven oder partizipierenden Fernsehprogrammen teilzunehmen. Qube war seinerzeit in den siebziger Jahren das erste größere System dieses Typs, das in der Stadt Columbus, Ohio (USA) zur Anwendung kam. Inzwischen wurde dieses System perfektioniert, aber es ist im wesentlichen noch das gleiche Prinzip. Wir wollen die Erscheinung Qube einmal näher untersuchen.

Der Qube-Zuschauer besitzt ein Schaltpult mit zwei Reihen Tasten für Kanal-und Senderauswahl sowie fünf Spezialtasten − Antworttasten − welche die Besonderheit dieses Systems ausmachen.

Stellen Sie sich vor, die Fernsehgemeinde sieht sich gerade die Wahl der Miß Ohio an. Wer wird gewinnen: Debbie, Carol, Suzy, Audrey oder Barbara? Warum sollen die Zuschauer nicht ihre Stimme abgeben? Wer ist Ihre Favoritin? Debbie? Dann drücken Sie Taste Nummer 1. Ist es Carol? Dann drücken Sie Taste Nummer 2 usw. Alles klar? Dann bitte jetzt drücken!

Innerhalb von sechs Sekunden, nachdem jeder eine Taste gedrückt hat, sind alle Stimmen vom Qube-Computer erfaßt und gezählt. Es ist nicht nur die Siegerin ermittelt, sondern auch der exakte Prozentanteil jeder Kandidatin.

Politische Wahlen werden auf diese Weise sehr einfach. Wer ist Ihr Kandidat? Bitte jetzt drücken! Das gilt auch für öffentliche Anhörungen und Meinungsumfragen: Absolute Ablehnung? Ablehnung? Neutral? Zustimmung? Absolute Zustimmung? Bitte Taste drücken!

Jeder kann alle Arten von Fragen beantworten, nicht etwa Fragen stellen! Das ist jenen vorbehalten, die für dieses Vorrecht bezahlen können, nämlich jenen, die an der Macht sind. Der durchschnittliche Qube-Zuschauer kann überhaupt keine Fragen stellen. Er kann nur die Tasten für die Antworten drücken, welche die Machthaber vorformulierten.

Der Zuschauer bemerkt auch nicht, daß er dadurch fortwährend überwacht wird. Es ist furchterregend: Alle sechs Sekunden tasten die Qube-Computer das gesamte System ab, um festzustellen, welche Geräte eingeschaltet sind, welche Programme gesehen werden und welche Antworttaste zuletzt gedrückt wurde. Die aktuellen Einschaltquoten jeder Sendung sind also jederzeit feststellbar. Die Zuschauer werden identifiziert, um die Gebühren zu berechnen, um die Gewinner irgendwelcher Spiele zu ermitteln und für andere Zwecke. Die Vergnügungsindustrie geht großen Zeiten entgegen. Irgend jemand hat bereits prophezeit: »Das Dialog-Fernsehen wird zum größten Spielplatz der Welt.«

Erkennen Sie jedoch die erschreckenden Möglichkeiten des

»für andere Zwecke«! Sie sind bekannt. Ihr Verhalten ist bekannt – es wird alle sechs Sekunden von der Qube-Datenbank erfaßt. Ihre Fernseh- und gesellschaftlichen Gewohnheiten sind bekannt, Ihre politische Richtung genauso wie Ihre religiöse Neigung. Bitte Taste drücken – jetzt! Passen Sie in die vorherrschende Kategorie der fernsehenden Öffentlichkeit? Nein? Das ist verdächtig! Sie haben nicht alle Fragen beantwortet? Sehr verdächtigt! Sie sehen nicht Qube? Sie sind nicht einmal an Qube angeschlossen? Unerhört! Aber wir wissen schon, wie wir Sie kriegen! Es findet eine merkwürdige Verschiebung der Fernsehlandschaft statt. Wurde bisher eine begrenzte Anzahl Bilder möglichst unbegrenzt verbreitet, so wird jetzt die begrenzte Verbreitung einer möglichst großen Vielzahl an Bildern angestrebt, natürlich nur für Teilnehmer am Kabelfernsehen. Es ist abzusehen, daß dieser Trend zu vielfacher Anwendung dieses Systems führen wird. Bestellungen, Botschaften, Bankgeschäfte, Sicherung des Hauses gegen Brand und Diebstahl, Rufen eines Krankenwagens, alles das wird möglich durch die Qube-ähnlichen Systeme.

Es ist denkbar, daß wir alle, die fest bleiben und es ablehnen, sich einer derartigen Ausbreitung abstumpfender, elektronischer Gefangenschaft zu beugen, eines nicht allzu fernen Tages von den meisten öffentlichen Dienstleistungen ausgeschlossen sind, einschließlich der medizinischen Hilfe und der Notfälle, einfach weil man solche Dienstleistungen nur noch über Systeme wie Qube anfordern kann. Die Benutzung solcher Systeme könnte bald so alltäglich sein wie heute die des Telefons.

Ihre Einstellung Qube gegenüber würde nicht mit den gängigen Verhaltensweisen übereinstimmen und könnte leicht gegen Sie verwendet werden. Das persönliche Qube-Profil könnte in naher Zukunft bequem als Mittel zur Identifizierung eingesetzt werden und die heutigen umständlichen Identifikationsprozeduren ersetzen. Heutzutage wird man identifiziert mit den Nummern des Personalausweises, der Sozialversicherung, des Führerscheins, der Versicherungspolice, der Scheckkarte, sowie der Telefonnummer, der Kreditwürdigkeit, der Giro- oder Sparkassenkontonummer (Haben Sie schon ein Konto bei uns?) usw. Ist die Erwartung unrealistisch, daß morgen dieses bizarre Identifikations-Puzzle ersetzt wird durch eine saubere und ordentliche Information in einer (zentralen) Qube-artigen Datenbank? Der Trend geht jedenfalls in diese Richtung.

Ohne einwandfreie Identifikation durch das persönliche Qube-Profil könnte man bald als ungeeignet befunden werden für Stellungen, Darlehen und dergleichen. Gewisse Gruppen würden wegen ihrer Abweichung von einem allgemein anerkannten, konformistischen natur-religiösen Qube-Profil (das bedeutet, in keiner Hinsicht bedrohlich für das Fortbestehen dieser Naturordnung) schon bald den Stempel »gefährliche Sekte« erhalten, mit allen dazugehörigen Konsequenzen.

Die jüngste Geschichte, unter anderem die Periode Mao-Tse-Tungs mit seiner »Roten Bibel«, hat uns hoffentlich eine Lektion erteilt. Hier liegt ein Beweis vor, daß das individuelle Bewußtsein von Millionen gestohlen und durch ein vorgeschriebenes Massenverhalten ersetzt werden kann. Verfallen Sie nicht in den Fehler zu glauben, daß das allein im Fernen Osten und im Zusammenhang mit der Chinesischen Revolution möglich war. Das hat früher auch schon in Westeuropa stattgefunden, und zwar in den Jahren 1940-1945.

Es kann auch in einem Land geschehen, das wir als Hochburg der Freiheit ansehen. Wir haben viel zu erwarten – in der Zeit von Harmageddon. Und alle Nationen sind davon betroffen. Es ist von lebenswichtiger Bedeutung, genau auf die Zeichen der Zeit zu achten.

Wir maßen uns nicht an, genau vorhersagen zu können, wann sich diese Situationen entwickeln werden. Aber es ist durchaus nicht unmöglich, daß Einzelpersonen wie auch Gruppen bei einem bevorstehenden Kampf um das psychische Überleben auf der Basis einer mehr oder weniger vorteilhaften Qube-Klassifizierung um Vergünstigungen und Dienstleistungen konkurrieren müssen. Wenn Millionen dann ihr Qube-Profil aufbauen (drücken Sie jetzt), könnte sich buchstäblich eine Rasse entwickeln, deren Wunsch es ist, die richtige Taste zu drücken, um dem Großen Bruder[1] zu gefallen und hohe Wertungen in dessen Sechs-Sekunden-Umfragen und dadurch seine Belohnungen zu erhalten: Arbeit, Wohnung und Geld.

Mao-Tse-Tung und seine »Rote Bibel« könnten im Vergleich mit einem vorgeschriebenen Qube-Verhalten und dessen unsichtbaren Meistern wie ein Kinderspiel wirken. Erkennen wir, was in der Zukunft möglich ist? Können wir es erfassen? Wenn die Zeit kommt, da sich jeder »dem System« gegenüber als treu erweisen muß, werden wir dann die innere Kraft besitzen, um die Freiheit zu wählen, die von der Gnosis ist? Ob »das System« kapitalistisch, kommunistisch, sozialistisch, demokratisch oder theokratisch genannt wird, das ist völlig unwichtig. Aus dem Buch *Demaskierung* wissen wir, daß die Vielfalt der verbrauchten Systeme, Ideo-

---

* Anspielung auf »Big Brother« aus dem Buch *1984* von George Orwell.

logien und Terminologien sich als völlig unzureichend erweisen wird, um die kommenden Ereignisse zu beschreiben.

Es geht doch um folgendes: Wenn das Große Spiel gelingen soll, muß das individuelle Bewußtsein des Menschen gestohlen und durch eine vorgeschriebene, anonyme Einförmigkeit ersetzt werden, und zwar durch Uniformen, Unisex und Vereinheitlichungsmaschinen wie Qube. Das wird dann die große Imitation der wahren Einheit sein, die nur in der universellen Gnosis − der Una Sancta − der Gemeinschaft der Zweimal-Geborenen gefunden werden kann.

Entscheiden Sie sich, zu welchem Kraftfeld Sie gehören wollen: zur Masse der Unbewußten oder zu der Una Sancta. Entscheiden Sie sich jetzt, solange die Freiheit der Wahl noch besteht.

X

FREIHEIT UND DIE
ROTATIONSRICHTUNG DER CHAKRAS

Wir haben versucht, das Fernsehen als eine unglaublich gefährliche Bedrohung für das physiologische und psychische
Wohlbefinden der Menschheit im allgemeinen und des
Schülers auf dem transfiguristischen Pfad im besonderen
anzuprangern. Wir haben diese Erscheinung, der es gelun-
gen ist, die Welt in nur einigen Jahrzehnten zu erobern, aus
verschiedenen Gesichtswinkeln betrachtet, damit Sie erkennen, warum die Schule des Goldenen Rosenkreuzes das
Fernsehen ablehnt.

Der Schüler auf dem Pfad kann es sich nicht leisten, fortwährend zwischen der schrillen Kraftmanifestation der Welt
der Illusion einerseits und den subtilen Suggestionen des
göttlichen Königreiches andererseits hin- und hergerissen zu
werden. Er muß sich entscheiden.

Mehr noch als um eine persönliche Entscheidung geht es
hier in erster Linie um einen entscheidenden Schritt der
Gruppe. Jeder einzelne Schüler muß sich seiner Verantwortung der Gruppe gegenüber voll bewußt sein. Die Gruppe
muß als ein sich fortwährend weiter entwickelnder Kosmos
gesehen werden, der auch als Lebender Körper bezeichnet
wird. Die Gruppe schreitet fort durch ein bewußtes Ab-
schiednehmen von der Welt der Dialektik. Wenn der Schüler in seinem Streben nach dem neuen Leben mit der

Gruppe eins sein will, dann muß er selbstverständlich auch eins mit ihr sein beim Abbruch des alten Lebens. Das kann jeder verstehen.

Fernsehen ist nicht die einzige Gefahr, sondern nur der Vertreter einer Entwicklung, die als Revolution oder Explosion der Kommunikation bezeichnet wird.

In dem Buch *Human Connection and the New Media* (Menschliche Beziehungen und die neuen Medien), einer Sammlung von Essays zu diesem Thema, herausgegeben von Barry N. Schwartz, Prentice-Hall Inc., Englewood Cliffs, New Jersey, USA, 1973, wird ein Bild der Menschheit gezeichnet, die in eine Ära eintritt, die von den neuen Medien regiert wird: Radar, Radio, Telefon, Bildtelefon, Fernsehen, Dialog-Fernsehen, Microfilm, Satelliten, Holographie, Videoband, Videokassetten, Videospiele, Mikrowellenkreise, Heimcomputer, Laserstrahlen, Glasfaserkabel usw.

Seltsamerweise wird durch dieses Buch erschreckend deutlich, daß die sich schnell ausbreitende Masse technischer Kommunikationsmittel wie durch die Hintertür Begriffe wie Hypnose, Reinkarnation, übersinnliche Wahrnehmung, LSD, Telepathie, Biorhythmen, Meditation, Gedächtnistraining, Bewußtseinsveränderung usw. mitführt. Noch vor wenigen Jahrzehnten wäre das meiste davon als »okkulter Humbug« oder »esoterischer Unsinn« vom Tisch gefegt worden. Jetzt aber nähert man sich ihnen wissenschaftlich mit Hilfe der Parapsychologie, Psychiatrie, Chemie, Neurophysiologie, Ökologie, Elektronik, Kybernetik und was es sonst noch gibt.

Eine schnelle Veränderung des menschlichen Bewußtseins

zeigt sich deutlich. Die menschlichen »Türen der Wahrnehmung«[1] werden immer weiter geöffnet, jedoch auf total negative Weise, und geben den Zugang frei zu psychodelischen Räumen, Reichen der Halluzinationen, Ozeanen von Bild- und Klangprojektionen, zu den grünen Weiden bis jetzt unbekannter sinnesorganischer und übersinnlicher Wahrnehmungen und Sensationen. Die Menschheit durchschreitet kollektiv das Tor zur Spiegelsphäre. Die neuen Medien liefern der Menschheit offensichtlich neues Opium.

In *Mens en Media* (Mensch und Medien) von Guido Fauconnier, Garant, Leuven/Apeldoorn, 1990, wird dargelegt, wie die Massenmedien einen Ausblick auf das größte mögliche Spektakel bieten: das Weltgeschehen, »the global village«. Fauconnier führt auch die »mass society«-Sicht des amerikanischen Soziologen C. Wright Mills an (Autor von *The Power Elite*, New York, 1956). Er schreibt, daß die Massenmedien tatsächlich Mittel sind, die von der Macht-Elite benutzt werden, um die Zivilisation und vor allem die machtlose Masse zu kontrollieren und zu manipulieren. Das Resultat ist ein passiver, unsicherer Mensch, der in diesen Medien eine wesenlose, kindliche Freude findet (»a cheerful robot«). Auch Ortega y Gasset hat es vorausgesehen: Der zerrüttete, unbewußte Massenmensch kann durch diese Medien mühelos von politischen Eliten und Despoten manipuliert werden.

Wir müssen dieser richtigen sozial-psychologischen Ansicht noch eine Dimension hinzufügen, nämlich die der Machtelite der Spiegelsphäre. Diese äonischen Mächte sorgen dafür, daß die Menschheit sich ihrer Möglichkeiten zum

---

1 Hinweis auf das bekannte Buch *The Doors of Perception* von Aldous Huxley, 1954.

geistigen Erwachen nicht bewußt wird. Dieses Ziel heiligt jedes Mittel, wie zum Beispiel sehr suggestive pseudo-religiöse Massenbeeinflussung mit Wunderheilungen und Massenbekehrungen im Fernsehen. Die dialektische Hierarchie will durch Mystifikation, Unterhaltung und Vergnügen die Wunden vernarben lassen, die der Menschheit durch das läuternde Leid zugefügt wurden, um, koste es, was es wolle, ihr geistiges Erwachen zu verhindern. Der amerikanische Nobelpreisträger für Literatur, Saul Bellow, hat das empfunden und ein »Martyrium« des Bewußtseins prophezeit. Er meint, daß die Menschheit eine neue Form des Leidens erleben wird, die sie aber nicht mehr als Leid erkennt, weil es vermummt in der Gestalt des Vergnügens auftritt.

Aquarius hat angeklopft und bricht mit seinen demaskierenden Strahlungen die Erdatmosphäre auf. Nacktheit und Leere sind die Folge – eine Stille, in der das Wort erklingt: »Manas, wo bist du? Erwache aus deinem Todesschlaf!« Aber der Mensch will nicht erwachen und bedeckt seine Nacktheit mit elektronischem Schnickschnack. Er narkotisiert sich selbst, indem er die Leere seiner Existenz mit einer audiovisuellen Schein-Realität umhüllt.

Man kann sich die Menschheit, die Erde als mit einem elektromagnetischen Mantel der Sinnestäuschung bedeckt vorstellen. In der Einführung zu dem bereits genannten Buch von Schwartz heißt es: »Eines Tages in nicht allzu ferner Zukunft wird Kommunikation ein weltweites Netz von Energie und Elektrizität umfassen, das zu zahlreichen Formen und Variationen innerhalb der Formen transformiert werden kann. Auf diese Weise könnte die Erde selbst in eine elektronische Kommunikations-Atmosphäre eingekapselt werden, die sie vollständig umschließt.« Es entsteht also ein neuer Turm von Babel, der das einmal vom Menschen gesprochene Wort, das er wieder aussprechen muß – das schwindende Echo seines göttlichen Ursprungs – weiter entstellt und verdunkelt.

Wir müssen den einkapselnden und bindenden Effekt des Fernsehens und anderer neuer Medien nachdrücklich betonen. Sehen Sie die Erde als eine »angeschlagene« Welt mit ihren vielen Millionen menschlichen Wesen, die nahezu »versteinert« sind, sich in künstlichen Phantasiewelten, die sie schön finden, verlieren, überschwemmt mit allen möglichen Psycho-Trips, die sie per Knopfdruck wählen und frei Haus empfangen können.

Was steht dahinter? Die gesamte Entwicklung der Kommunikations-Explosion ist nichts anderes als eine wohlbewußte, planmäßige, negative Reaktion auf die zunehmenden Aquarius-Strahlungen. Aquarius ruft die Menschheit – und dieser Ruf wird gehört. Die Menschheit gibt Zeichen eines massenhaften Erwachens. Und das ist eine unmittelbare Bedrohung der Hierarchien der Spiegelsphäre. Wenn sie die sie anbetenden Herden in der Stoffsphäre verlieren, ist ihre Herrschaft beendet. Und das wissen sie! Darum wird in verzweifelter Selbstbehauptung diese gigantische Maschinerie in Gang gesetzt, um die Millionen Menschen in ihrem Bannkreis zu halten.

Das wachsende Bewußtsein für den wahren Pfad der Rückkehr in unzähligen Menschen muß vernichtet werden. Darum die fortwährenden, ständigen Bemühungen, die Massen weiterhin zu faszinieren, zu amüsieren. Zunehmendes inneres Sehen muß durch künstliche Bilder erblinden, zunehmendes inneres Hören muß durch Lärm betäubt werden.

Das innere Erwachen muß in Sensationen versinken. Ein Medium wie das Fernsehen mußte erfunden werden, um eine Reaktion des dauernden Erstaunens hervorzurufen. Die Menschen sollen von einem Staunen in das andere fallen. »Phantastisch«, müssen sie sagen, »das müssen wir sehen!« Das ist Faszination! Das ist Gefangenschaft!

Wir wollen noch etwas näher untersuchen, wie dieser Mechanismus der menschlichen Gefangenschaft funktioniert. Stellen Sie sich die menschliche Aura vor und speziell die sieben Energiezentren, die als Chakras bekannt sind. Diese Chakras drehen sich unterschiedlich schnell, aber sie rotieren alle in derselben Richtung. Je entwickelter und kräftiger ein Chakra ist, um so schneller dreht es sich. Je mehr ein Mensch an diversen Aspekten des dialektischen Lebens interessiert ist, um so schneller rotieren seine Chakras. Er ist wie eine lodernde Fackel, deren Feuer die Illusionen dieser Naturordnung brennend erhalten − die Feuer der Sterblichkeit.

Durch die fundamentale Veränderung, die Jan van Rijckenborgh in seinem Buch *Dei Gloria Intacta*[1] beschreibt, wird die natürliche Rotation der Chakren verlangsamt, und zwar übereinstimmend mit dem Maß, in dem der Schüler sein Interesse an der alten Welt verliert. Darauf beginnt durch den Prozeß der Transfiguration eine Drehung der Chakras in entgegengesetzter Richtung. Die Chakras können die tatsächliche Situation eines Schülers nicht verleugnen. Sie zeigen genau, wo er steht, ob der Prozeß der Umkehr der Rotationsrichtung begonnen hat oder nicht. Wenn er begonnen hat, ist der betreffende Schüler umgekehrt, ein »Bekehrter«. Der Begriff »Bekehrung« ist in der heutigen kirch-

---

* Ausgabe der Rozekruis Pers, Haarlem, 1991.

lichen Religiosität nur noch eine leere Phrase, hat aber in Wirklichkeit eine tiefe, wunderbare Bedeutung.

Die Kommunikations-Explosion ist ein schamloser Versuch der Spiegelsphären-Bruderschaften, die menschliche Aura in noch nie dagewesener Weise gleichsam zu galvanisieren, die Chakras zu stimulieren und ihre augenblickliche Polarisation zu erhalten. Das ist kein emporziehender Einfluß, der die Menschheit über die Begrenzungen des naturgeborenen Daseins im Sinn des Aquarius-Rufes erhebt. Nein, das ist genau das Gegenteil. Es ist ein Versuch, um jeden Preis zu verhindern, daß die Rotationsrichtung der menschlichen Chakras sich verändert. Denn das würde die Befreiung vom Rad der Geburt und des Todes bedeuten sowie eine Neutralisation des augenblicklichen giftigen Zustandes der Spiegelsphäre und ihrer Hierarchien und Bruderschaften.

Dieses Ringen droht die Menschheit zu verlieren. Und auch der Schüler, sollte er unwissend sein, muß es verlieren. Der christliche Eingeweihte Paulus warnte seine Jünger:»Wir haben nicht mit Fleisch und Blut zu kämpfen, sondern mit Mächtigen und Gewaltigen, nämlich mit den Herren der Welt, die in dieser Finsternis herrschen, mit den bösen Geistern unter dem Himmel«(Eph. 6, 12), also mit der Spiegelsphäre.

In den kommenden Zeiten wird es nur zwei Möglichkeiten geben, übereinstimmend mit den beiden möglichen Rotationsrichtungen der Chakras: Regeneration oder weitere Degeneration. Jene, die danach verlangen, aus ihrem Todesschlaf erweckt zu werden, müssen die helfende Hand der Bruderschaft des Lebens mit einem festen Entschluß ergreifen. Lassen Sie sich nicht von dem Strom in den Abgrund reißen. Ergreifen Sie die Hand, nicht morgen, sondern heute!

Ein einzelner vom Griff der Natur Befreiter, der in der Welt mit seinen sich in die andere Richtung drehenden Chakras arbeitet, ist unermeßlich stark. Er brennt nicht in den Feuern der Sterblichkeit, sondern er strahlt das Licht der Unsterblichkeit aus wie ein Leuchtfeuer in Sturm und Finsternis. Er kann vielen helfen.

WORTERKLÄRUNGEN

Äonen: Die herrschende Hierarchie der dialektischen Ordnung, die ihr
Domizil in den höchsten Regionen der Spiegelsphäre hat. Sie wird
auch als »Oberste dieser Welt« bezeichnet. Sie besteht aus den höchsten, aus der gefallenen Menschheit hervorgekommenen metaphysi-
schen Machtformationen, die sich an dieses Gebiet klammern, sich
selbst mit Energien der in Unheiligkeit brennenden Feuer instandhal-
ten und mit den mentalen, astralen und ätherischen Ausdünstungen
der in Wahn und Schmerzen umherirrenden Menschheit genährt werden. Das gelingt ihnen nur durch die nahezu unbegrenzte Zunahme
und Instandhaltung des Leidens in der Welt.

Bruderschaft des Anderen Reiches: Die göttliche Hierarchie, die diese ge-
fallene Weltordnung in grenzenloser Liebe instandhält und sich ein-
setzt, um die durch Schmerzen reif gewordenen Menschenseelen in
die leuchtende Klarheit ihres Reiches zu erheben. Sie wird auch noch
mit anderen Namen bezeichnet, wie Bruderschaft des Lebens, Unsichtbare Kirche Christi, Christus-Hierarchie, der Orden Melchise-
deks, Universelle Kette.

Bruderschaft des Lebens: Siehe Bruderschaft des Anderen Reiches.

Dialektik: Das heutige Lebensfeld der Menschheit mit seinen beiden
Sphären, der Stoffsphäre und der Spiegelsphäre, in dem sich alles in
Gegensatzpaaren offenbart: Tag und Nacht, Freude und Schmerz,
Licht und Finsternis, Gut und Böse, Jugend und Alter, Leben und
Tod. Kennzeichnend für diese Ordnung ist das Entstehen, Blühen
und Vergehen in nahezu endloser Radumdrehung durch die beiden
Sphären. Geburt und Tod folgen aufeinander, bis der Mensch einmal
das Ziel seines Daseins erkennt und den Pfad der Rückkehr, den Pfad
der Transfiguration geht.

Gnosis: Buchstäblich Kenntnis. Die lebendige Kenntnis, die aus Gott ist.
Gleichzeitig die Berührung der Universellen Bruderschaft, die Manifestation des Anderen Reiches in der Welt der Dialektik. Historisch
gesehen die hermetisch-christliche Tradition der ersten Jahrhunderte
unserer Zeitrechnung, die jedoch stets erneut in einem anderen Ge-

wand als befreiende Möglichkeit zur Geistesschulung hervortritt im Sinn der Errettung durch den Prozeß der Transfiguration.

Herzheiligtum: Teil des »Tempels Gottes«, zu dem das menschliche System einmal wieder werden muß. Das Herz ist der Sitz des göttlichen Prinzips, des »Samenkorns Jesu« oder des Geistfunkens. Es muß von allen Begierden und allem Schmutz gereinigt werden, besonders von der Sucht nach irdischem Leben als getrennte Individualität.

Lehre, Universelle: Keine »Lehre« im gewohnten Sinn des Wortes, keine Lehre, die ausschließlich in Büchern zu finden ist. Es ist die Kenntnis- und Weisheitsstrahlung, die als Gnosislicht die Finsternis unserer Scheinwirklichkeit erleuchtet, um uns zu unserer wahren Bestimmung zu erwecken. Worte und Schriften, wie die Baghavad Gita oder die Bibel, sind trotz ihrer erhabenen Universalität im unversehrten Zustand nur dürftige Versuche, sich der strahlenden Wirklichkeit der Universellen Lehre einigermaßen zu nähern.

Pfad der Transfiguration: Der Pfad der Wiederkehr oder Wiedergeburt in der göttlichen Wirklichkeit, das allmähliche Anteilerhalten an der Unsichtbaren Kirche des Christus, der sagte: »Es sei denn, jemand ist wiedergeboren, so kann er das Reich Gottes nicht sehen«. Siehe Transfiguration.

Pinealis-Feuerkreis: Wenn die Pinealis oder Zirbeldrüse vom Licht der Gnosis entflammt wurde, ist sie das Zentrum des Christus-Strahls, die geöffnete Pforte, durch die sich die Freiheit Gottes unmittelbar dem Menschen mitteilt. Das Pinealis-Zentrum besitzt auch eine Aura, die wie ein Lichtmeer um das Haupt des Zweimalgeborenen als heiliges Feuer leuchtet. Darum spricht man von einem Feuerkreis.

Rad der Geburt und des Todes: Der sich stets wiederholende Gang des Menschen und der Menschheit durch die beiden Sphären – die Stoffsphäre (»Geburt«) und die Spiegelsphäre (»Tod«) – bis sie einmal alle Lektionen des Lebens als abgetrenntes Ego gelernt und entdeckt haben, daß sie »Schweinetreber« essen, und beschließen: »Ich will aufstehen und zu meinem Vater gehen!« Dann werden sie durch Seelenwiedergeburt, durch Transfiguration vom Rad der Geburt und des Todes befreit.

Spiel, das Große: Groß inszenierter und sehr raffinierter Versuch der herrschenden Mächte (Äonen), die Demaskierung und Aufhebung ihrer Wahnherrschaft in den höchsten Regionen der Spiegelsphäre zu verhindern, Siehe *Demaskierung, der Schatten der kommenden Ereignisse* von Jan van Rijckenborgh, Rozekruis Pers, Haarlem, 1993.

Spiegelsphäre: Das Jenseits, »das Gebiet hinter dem Schleier«. Es ist die Domäne der Toten und besteht aus den Höllensphären, einem Zwischengebiet (Fegefeuer) und den sogenannten Himmelssphären, die zu Unrecht von der Naturreligion und dem Okkultismus mit dem Etikett »Ewigkeit« versehen werden. Dort ist alles lediglich eine Reflexion des stofflichen Lebens auf Erden und der Endlichkeit und Zeitlichkeit unterworfen, sei es auch die einer anderen Ordnung als die der Stoffsphäre. Die Spiegelsphäre bezieht ihre Energie aus dem von Gott abgewandten Leben im stofflichen Treiben. Daher haben ihre Machthaber (die Äonen) ein Interesse daran, den Wahn sowohl hier wie auch dort zu nähren und instandzuhalten. Das ist der Zweck des Großen Spiels.

Transfiguration: Der Prozeß der Seelenwiedergeburt durch Wasser und Geist, also eine totale Wesensveränderung, die nötig ist, wenn der Mensch zu seiner wahren Bestimmung, seinem Vaterhaus zurückkehren will.

AUSGABEN DER ROZEKRUIS PERS

WERKE ANDERER AUTOREN

N. Abbestee	– Jugendbibel
Karl von Eckarts-	
hausen	– Die Wolke über dem Heiligtum
Antonin Gadal	– Auf dem Weg zum heiligen Gral
Antonin Gadal	– Das Erbe der Katharer / Das Druidentum
Mikhail Naimy	– Das Buch des Mirdad
J. Schootemeijer	– Fernsehen als Gefahr für das Individuum

– Fernsehen als Instrument der verborgenen Mächte
– Der Weg des Rosenkreuzes in unserer Zeit
– Das lebende Rosenkreuz

Rozekruis Pers, Postfach 1307, D 5276 Wiehl, BRD
Rozekruis Pers, Bakenessergracht 5, NL 2011 JS Haarlem, Niederlande
Lectorium Rosicrucianum, Foyer Catharose de Petri, CH 1824 Caux, Schweiz